Jörg Holtmann
Ein Fahrlehrer packt richtig aus!

JÖRG HOLTMANN

Ein Fahrlehrer packt richtig aus!

Über die Gefahren im Straßenverkehr
und wie wir alle besser werden können

© 2015 Jörg Holtmann
Satz und Layout: Buch&media GmbH, München
Umschlaggestaltung: Kay Fretwurst, Freienbrink
Umschlagmotiv © fotolia.com - Dan Race
Herstellung und Verlag: BoD - Books on Demand
Printed in Germany · ISBN 978-3-7392-6258-1

Der Führerschein und das Auto bedeuten Freiheit und Unabhängigkeit.

Die völlig selbstverständlich genossene Mobilität kostet aber jeden Tag ca. zehn Menschen in Deutschland das Leben.

Und jeder kann morgen betroffen sein!

Ich wünsche mir, dass Politiker und Medien den Unfallopfern im Straßenverkehr die gleiche Aufmerksamkeit sowie auch Trauer und Wertschätzung entgegenbringen, wie wir es auch den Opfern von Kriegen oder Terroranschlägen tun.

Wo gehobelt wird, fallen Späne!

Aber wir sind nicht in einer Schreinerei, sondern im Straßenverkehr. Hier werden täglich ca. 2000 Menschen verletzt und ca. zehn Menschen getötet! Das sind zu viele.

Und wenn uns das menschliche Miteinander, die Gesundheit und das Leben von uns, unseren Familien, Freunden und Mitmenschen nicht ganz egal sind, dann sollten wir anfangen darüber zu schreiben, zu lesen, zu reden und nachzudenken. Gemeinsam können wir den Straßenverkehr für uns alle sicherer machen.

Inhaltsverzeichnis

Meine Motivation, dieses Buch zu schreiben

Liebe Leserinnen und Leser,

hätten Sie es gewusst? In Deutschlands Straßenverkehr, in dem wir uns alle regelmäßig bewegen, werden täglich (!)

ca. 7000 Unfälle polizeilich erfasst,
ca. 2000 Menschen leicht oder schwer verletzt und
ca. 10 Menschen getötet.

Seit 1977 bin ich motorisierter Verkehrsteilnehmer und seit 1988 Fahrlehrer. Beruflich und auch privat, unter anderem mit dem Motorrad, verbringe ich somit sehr viel Zeit im Straßenverkehr. Hierbei muss ich eine Entwicklung verfolgen, über die ich viel nachdenke und recherchiert habe. Insbesondere die umfangreichen Unfallstatistiken beschäftigen mich sehr. Leider beobachte ich, dass sich immer mehr Verkehrsteilnehmer im Straßenverkehr schwertun oder es anderen schwer machen, viele sich immer weniger an die Verkehrsregeln halten – und das alles, ohne es selbst zu bemerken. Natürlich, im Straßenverkehr sind Menschen unterwegs und Menschen machen Fehler. Besonders nachdenklich macht mich, dass die Unfallzahlen im Jahr 2011 wieder angestiegen sind, also die Fehler im Straßenverkehr wieder zunehmen. Nun könnte man sagen: Wo gehobelt wird, fallen halt auch Späne. Nur ist der Straßenverkehr keine Schreinerei. Im Straßenverkehr fallen keine Späne, sondern es werden Menschen verletzt oder sie sterben sogar.
Und sie sterben nicht, weil sie alt oder krank sind, sie sterben, weil viele Verkehrsteilnehmer gedankenlos am Straßenverkehr teilnehmen.

Täglich haben wir Fahrlehrer bei der Ausbildung von Fahrschülern diese Statistik, insbesondere die Anzahl der getöteten Mitmenschen, vor Augen. Durch diese Statistik werden wir bei der Ausbildung unserer Fahrschüler motiviert. Unser erklärtes Ziel ist, dass unsere Fahrschüler später als Fahranfänger möglichst wenig Fehler machen, um nicht auch einmal in der Unfallstatistik aufzutauchen.

Natürlich gibt es keine Garantie, aber es fühlt sich trotzdem gut an, über meinen Beruf ein klein wenig zur Sicherheit im Straßenverkehr beitragen zu können. Wenn ich dann aber die Anzahl unserer Fahrschüler jährlich sehe und auf der anderen Seite weiß, dass allein in Deutschland über 50 Millionen Führerscheininhaber unterwegs sind, relativiert sich dieses gute Gefühl auch immer schnell wieder.

Mit Verkehrsteilnehmern meine ich tatsächlich alle Teilnehmer im Straßenverkehr, ob zu Fuß, mit dem Rad, erwachsen oder Kind, motorisiert oder mit Sportgeräten. Alle bewegen sich mehr oder weniger gut im Straßenverkehr. Einige machen weniger Fehler, andere wiederum mehr. Und diese Fehler sind ursächlich für unsere Unfallstatistik. Die Fehler im Straßenverkehr sind schuld daran, dass Menschen verletzt und getötet werden.

In diesem Buch werde ich überwiegend über die Fehler im Straßenverkehr schreiben. Schließlich muss es ja Gründe für die Fehler geben. Wenn wir gemeinsam die Ursachen für die Fehler finden, wird es leicht sein, Tipps zu ihrer Vermeidung zu geben, um den Straßenverkehr für uns alle sicherer zu machen. Ganz alleine ist das schwierig oder sogar unmöglich, daher gehe ich mit meinen Gedanken an die Öffentlichkeit. Ich brauche Ihre Hilfe. Ich möchte, dass wir Verkehrsteilnehmer über diese Fehler lesen können, dann darüber nachdenken und reflektieren, mit anderen darüber reden und daraus lernen. Dann können wir lernen, Fehler zu vermeiden, damit weniger Menschen im Straßenverkehr zu Schaden kommen.

Meine Motivation ist klar: Ich möchte mehr Menschen als nur meine Fahrschüler erreichen. Aber wie? Wie teilt man es anderen mit, ohne dass sich der Einzelnen gleich angegriffen fühlt? Eine Möglichkeit sind Vergleiche. Es ist möglich, den Straßenverkehr als eine große Familie zu sehen und mit der eigenen Familie zu vergleichen. Die Eltern wären die Gesetzgeber und die Kinder die Verkehrsteilnehmer. Wer schon Kinder hat, wird gleich wissen, was ich meine. Da stellen Eltern Regeln für ihre Kinder auf, weil sie das Beste für sie wollen, aber die Kinder verstehen das oft nicht sofort. Meistens sind die Kids auch noch sauer auf uns, obwohl wir Eltern doch nur um ihr Wohl bemüht sind.

Ähnlich verhält es sich auch im Straßenverkehr. Da werden Regeln zum Schutz aller Verkehrsteilnehmer aufgestellt. Genauso wie Kinder Regeln oft übertreten, werden auch im Straßenverkehr Regeln nicht eingehalten und daher Sanktionen (Bestrafungen verschiedener Art) ausgesprochen. Und in einer weiteren Parallelität sehen weder alle Kids noch alle Verkehrsteilnehmer die Notwendigkeit mancher Regeln ein oder den Sinn notwendiger Sanktionen.

Wenn mein Sohn jetzt diese Zeilen liest, wird er sich vermutlich erinnern und denken: Er hat es schon bei mir nicht immer geschafft, alle Dinge verständlich zu kommunizieren. Wie will er das jetzt bei Erwachsenen erreichen?!

Genau, lieber Leser, weil Sie erwachsen sind – oder auf dem Weg dorthin – und mehr Reife als Kinder oder Jugendliche haben, setze ich auch auf mehr Verständnis und Einsicht. Und weil die Probleme und Fehler im Straßenverkehr nicht nur durch die Verkehrsteilnehmer entstehen, geht es in diesem Buch auch nicht nur um diese. Vielmehr geht es auch um die Fehler, die schon in der Verkehrsplanung entstehen, Fehler in der Ausbildung von Fahrschülern, aber auch Fehler, die Fahrlehrern unterlaufen sowie um die nicht zu unterschätzende Vorbildfunktion von zum Beispiel Polizeifahrzeugen und so weiter. Und es geht insbesondere um das Miteinander, um Verständnis und Rücksicht im Straßenverkehr, der gesetzlich geregelt ist im § 1 der Straßenverkehrsordnung (StVO).

Natürlich sind wir Menschen und machen Fehler. Meistens weder bewusst noch mit Vorsatz. Kaum einer von uns steht morgens auf und nimmt sich vor, im Straßenverkehr Fehler zu machen. Keiner von uns nimmt mit Vorsatz in Kauf, dass er heute mal einen Unfall verursacht, andere verletzt oder für deren Sterben verantwortlich sein wird. Nein, Fehler passieren unter anderem wegen Unkenntnis der vielen Regeln, oder weil wir etwas übersehen haben, in Gedanken abgelenkt waren oder weil wir die Notwendigkeit einer Regel nicht einsehen. Viele haben sich einen Fahrstil angewöhnt, der nicht besonders regelkonform ist. Solange aber nichts Ernsthaftes passiert, gehen die meisten davon aus, dass der eigene Fahrstil der »richtige« ist. Entstehende oder erlebte Probleme werden oft auf die Fehler anderer geschoben. So sind wir Menschen. Wir sehen die Fehler eher bei anderen als bei uns selbst.

Aber jeder von uns macht Fehler, der eine mehr, der andere weniger. Das ist Fakt, sonst gäbe es ja die Unfallstatistik nicht. Die Analyse von Fehlern im Straßenverkehr soll helfen, Fehler überhaupt erst zu erkennen und vielleicht auch den eigenen Fahrstil zu überdenken. Es ist kein Angriff auf den Einzelnen persönlich, nicht einmal Kritik. Schon durch die (kritische) Beobachtung anderer können Fehler im Straßenverkehr erkannt werden und man kann feststellen, dass nicht alles optimal oder »rund« läuft. Wenn es mir gelingt, durch diese Beobachtung anderer bei dem einen oder anderen von Ihnen auf etwas Verständnis zu stoßen und ein klein wenig Veränderung im Denken und Handeln zu erreichen, habe ich mein Ziel erreicht. Dann können wir gemeinsam anfangen, Fehler zu vermeiden oder mehr richtig zu machen und werden es schaffen, dass die Unfallstatistik nicht weiter ansteigt und die Anzahl der Verletzten und Getöteten im Straßenverkehr vielleicht sogar wieder abnimmt.

Auch Sie haben durch Ihr Interesse an diesem Buch schon den ersten Schritt getan und werden durch das Lesen meiner Zeilen eventuell die Möglichkeit kennenlernen, den Straßenverkehr für uns alle, insbesondere für sich selbst, ein wenig besser zu verstehen und »angenehmer« zu machen.

Vielleicht ist ja auch der ein oder andere Tipp für Sie interessant, um gegebenenfalls Ihr Verhalten im Straßenverkehr noch weiter optimieren zu können.

Ich bin mir sicher: Mann / Frau lernt nie aus!

Versprochen!

Ihre Motivation, dieses Buch zu lesen

Wenn nun täglich so viele Unfälle im Straßenverkehr passieren, dann ist das nicht nur ausschließlich negativ. Im Gegenteil, die Kfz-Werkstätten haben dadurch Aufträge und Arbeitsplätze werden gesichert. Die Automobilindustrie kann wieder neue Autos verkaufen und die Wirtschaft wird angekurbelt. Die Polizisten, Rettungsdienste, Ärzte und andere Einsatzkräfte, die zum großen Teil durch uns und unsere Steuergelder bezahlt werden, sind ebenfalls beschäftigt, auch deren Arbeitsplätze sind gesichert.

Das wirklich Negative an Fehlern im Straßenverkehr und deren Folgen ist, wenn Mitmenschen verletzt oder getötet werden. Nicht nur für die täglich Betroffenen, vielmehr auch für deren Angehörige oder Freunde ist das tragisch und schrecklich.

Stellen Sie sich vor, Sie kommen abends von der Arbeit nach Hause und erfahren, dass der Partner, eine Freundin, ein Freund oder ein anderes Familienmitglied im Straßenverkehr schwer verletzt oder sogar getötet worden ist. Getötet, weil jemand im Straßenverkehr etwas falsch oder einen Fehler gemacht hat. Genauso könnten auch Sie einen Fehler machen, durch den ein anderer Mensch verletzt oder getötet wird. Vermutlich kann man sich das genauso wenig vorstellen wie die Möglichkeit, Lottomillionär zu werden. Der ein oder andere wird sogar denken, die Wahrscheinlichkeit im Lotto zu gewinnen sei größer als an einem Unfall beteiligt zu sein.

Nein, das ist falsch! Es gibt mehr Menschen, die im Straßenverkehr getötet werden als Lottomillionäre, es gibt sogar mehr Unfallbeteiligte in Deutschland als Menschen, die überhaupt schon einmal im Lotto etwas gewonnen haben! Fragen Sie sich selbst oder auch mal Freunde und Bekannte. Sie treffen mehr Menschen mit Unfallerfahrungen im Straßenverkehr als mit einem Lottogewinn.

Jährlich nimmt die Polizei ca. 2,5 Millionen Verkehrsunfälle auf. Sie schreibt Unfallberichte mit detaillierten Angaben, die die Grundlage für äußerst umfangreiche Unfallstatistiken bilden. Wenige kennen diese oder können sie sich aufgrund ihres Umfangs merken. Vielleicht schaffen wir es aber, uns drei Fakten einzuprägen.

Unabhängig von der Tatsache, ob ein Unfall am Tag oder in der Nacht, im Sommer oder im Winter, ob mit Kraftfahrzeugen, zu Fuß oder dem Fahrrad, ob mit Kindern, Jugendlichen oder Erwachsenen, schuldhaft oder nicht, durch kleine oder grobe Fehler verursachte wurde, Fakt ist, dass:

1. **täglich** in Deutschland ca. **7000 Unfälle** durch die Polizei aufgenommen werden. Die Dunkelziffer durch Unfälle, bei denen die Polizei nicht gerufen wird, bleibt unberücksichtigt.
2. bei diesen Unfällen **täglich** in Deutschland **ca. 2000 Menschen** mehr oder weniger schwer **verletzt** werden. Vom Kopfschmerz über Querschnittslähmung bis hin zum dauerhaften Koma ist dabei alles vertreten.
3. bei diesen Unfällen **täglich** in Deutschland **ca. zehn Menschen getötet** werden.

Täglich heißt gestern, heute und auch morgen. Sieben Tage die Woche, auch an Sonn- und Feiertage, auch zu Ostern oder Weihnachten, eben täglich!

Hauptursache für diese Fakten sind nicht nur die Fehler, die wir selbst im Straßenverkehr machen. Manchmal sind wir nur rein zufällig in der Nähe, wenn ein anderer einen Fehler macht.

Ist Ihnen bekannt, dass die Unfallzahlen im Straßenverkehr, seit sie statistisch erfasst werden, sich stetig zum Positiven nach unten verändert haben? Eigentlich könnten wir damit schon zufrieden sein, uns jetzt gratulieren und auf die Schulter klopfen.

Nein, das können wir nicht, denn im Jahr 2010 haben die Zahlen den Tiefpunkt erreicht und sind dann 2011 und auch 2014 wieder gestiegen! Müssen wir darüber nachdenken oder sogar ein Buch schreiben oder lesen?

Ich sage ja, denn wir alle halten uns mehr oder weniger in diesem Straßenverkehr auf und möchten morgen nicht auch betroffen sein. Niemand möchte verletzt oder getötet werden.

Natürlich sind schon viele Bücher in dieser oder in ähnlicher Art geschrieben worden, aber vermutlich nicht in dieser hier unverblümten und auch brisanten Art. Einige von Ihnen werden sich mit Sicherheit »auf den Schlips getreten« fühlen – aber das gehört auch dazu. Auf Basis der Unfallstatistiken, der Fakten und meiner Ausbildung sowie täglichen Berufserfahrung werde ich über viele Probleme und Fehler im Straßenverkehr schreiben. Ich möchte aber auch zum Schmunzeln anregen und es wäre schön, wenn wir gemeinsam den Straßenverkehr ein klein wenig sicherer für uns machen können. Nehmen Sie sich ruhig ein Glas Wasser zum Lesen, mein Humor ist leider oft recht trocken. Wie kann ich Sie jetzt motivieren, Ihre kostbare Zeit zum Lesen, zum Beobachten und Nachdenken zu verwenden? Moralisch? Finanziell? Ökologisch?

Moralisch: Die Fakten sind ca. 2000 Verletzte und über zehn getötete Verkehrsteilnehmer täglich in Deutschland! Jeden Tag! Fast 4000 Tote pro Jahr! Das sind zu viele, das darf nicht sein und schon gar nicht noch mehr werden. Sonst ist es keine Frage ob, sondern wann auch wir, auch Sie, betroffen sein werden. Lassen Sie uns gemeinsam etwas tun, unser Risiko zu minimieren. Auch Sie haben es in der Hand. Auch Sie können helfen, etwas zu verändern.

Finanziell: ca. 150 Milliarden Euro (in Ziffern: 150.000.000.000,00 Euro) volkswirtschaftlicher Schaden durch Unfälle und Staus im Bundesfinanzhaushalt. Rechnerisch ca. 3000 Euro pro Steuerzahler, pro Jahr! Herzlichen Glückwunsch, auch dafür haben Sie gearbeitet, auch diese Mittel haben Sie mitfinanziert. Es geht also auch um Ihr Geld. Sollten Sie allerdings nicht so auf den Euro achten müssen wie ich und viele andere, dann gebe ich Ihnen vertrauensvoll auch gerne meine Bankdaten.

Ökologisch: Alleine durch Staus auf deutschen Straßen entstehen ca. 700.000 Tonnen zusätzliche (vermeidbare?) CO_2-Belastung für unsere Umwelt. Der zähfließende Verkehr ist dabei noch nicht einmal berücksichtigt.

Auf das Fahren können wir oft nicht verzichten, aber die Staus braucht doch kein Mensch wirklich! Und wenn ich im Fernsehen manchmal Menschen in ausländischen Großstädten mit Mundschutz sehe, frage ich mich, wann wird es bei uns notwendig sein?

Statistik: Zahlen, die kaum einer kennt[1]

Ich möchte an dieser Stelle auf die in Deutschland vorhandenen, aber vielen nicht bekannten Zahlen und Fakten der Unfallstatistik etwas näher eingehen. Aus dieser Statistik ziehe ich persönlich tagtäglich meine Motivation für meine Tätigkeit als Fahrlehrer. Ich würde mich freuen, wenn sich auch mal die Medien und verantwortlichen Politiker sowie Entscheider im Straßenverkehrsbau mehr angesprochen fühlen. Ich bin mir sicher, wenn wir mehr über die Unfallzahlen und Gründe erfahren würden, würden wir bewusster im Straßenverkehr teilnehmen und könnten viele Fehler vermeiden lernen.

Warum sind eigentlich die Verkehrsstatistiken vielen so unbekannt? Warum besteht zum Teil so wenig Interesse an den im Straßenverkehr verletzten und getöteten Menschen?

Ich möchte hier einen Aufruf an alle Betroffenen oder Angehörigen von Verkehrsopfern starten. Bitte nehmen Sie gerne Kontakt mit mir auf. Ich plane entweder ein weiteres Buch, einen Blog, die Gründung eines Vereins, die Durchführung von Kampagnen oder Ähnliches. Dieses Buch soll nur der erste Schritt sein. Der zweite Schritt wird sein, sowohl Politiker, Medien und Wirtschaft »wachzurütteln«. Hierzu benötige ich Ihre Hilfe. Vielen Dank im Voraus.

In der Fahrausbildung versuchen wir den Fahrschülern zu vermitteln, dass es sich beim Straßenverkehr um ein »Miteinander« handelt. Tatsächlich fühlt man immer mehr eine »aggressive Formel-1-Mentalität«. Viele haben es eilig und fahren, als wenn sie ein Rennen gewinnen müssen. Diese Entwicklung darf nicht ignoriert werden.

Wir dürfen diese steigende, aggressive »Formel-1-Mentalität« im Straßenverkehr nicht länger ignorieren. Dass Mitmenschen hier getötet werden, darf keine Normalität werden. Sie sind nicht nur Zahlen in einer Statistik, sondern Menschen. Menschen, um die getrauert wird. Es geht um Eltern, die Kinder verlieren, Jugendliche, die ihre Geschwister verlieren, Verliebte, die plötzlich allein zurückbleiben. Familien, Angehörige oder Freunde mit

---

1   Statistik und Zahlen sind aus den Jahren 2010 bis 2014.

einem Leid, das unvorstellbar ist, wenn man es nicht selbst erlebt hat. Wo ist nur unsere Wertschätzung diesen Menschen gegenüber?

Zwei Beispiele:

2001 kamen in Mailand bei einem Flugzeugunglück 114 Menschen ums Leben. Eine ganz schreckliche Geschichte, insbesondere auch für die Angehörigen. Ich möchte diese Tatsache auch nicht kleinmachen. Über 14 Tage lang wurde in Rundfunk, Zeitung und TV über die Opfer berichtet. Wovon man aber in den Medien nichts mitbekommen hat, ist, dass am selben Tag fast ebenso viele Menschen in Europa im Straßenverkehr getötet worden sind. Ja, und auch am Tag davor und auch am Tag danach! Die Statistiken zeigen auf, dass jeden Tag in Europa ca. 120 Menschen ihr Leben im Straßenverkehr verlieren. In den 14 Tagen, in denen intensiv in den Medien über die 120 Flugzeugopfer berichtet worden ist, sind ca. 1700 Menschen im Straßenverkehr gestorben. Menschen wie Sie und ich, genauso wie die 114 Opfer des Flugzeugunglücks. Oder sind die Opfer im Straßenverkehr andere Menschen?

1980 sind bei einem Bombenanschlag auf dem Oktoberfest in München 13 Menschen getötet worden. Im September 2008 wurde ein Denkmal an der Stelle des Attentats aufgestellt. Noch 32 Jahre nach dieser Tat werden, zum Ausdruck der Trauer und des Mitgefühls, die Nationalflaggen auf »Halbmast« gehängt. Warum empfinden wir nicht die gleiche Trauer oder das gleiche Mitgefühl mit den Menschen, die tagtäglich im Straßenverkehr getötet werden? Haben wir uns daran gewöhnt? Sind – bewusst provokativ gefragt – zehn Tote täglich ein akzeptabler »Schwund«?

Oder, nehmen wir totbringende Krankheiten. Auch hier wird in den Medien immer wieder an die Gefahr erinnert. Krebs, Aids und andere. Es werden regelmäßig Hinweise zur Vorbeugung gegeben, es wird zu finanziellen Spenden oder auch Knochenmarkspenden aufgerufen und es ist gut so. Warum nur wird an die Gefahren im Straßenverkehr so selten erinnert?

Auf jeder Zigarettenschachtel steht »Rauchen kann tödlich sein« oder »Rauchen gefährdet Ihre Mitmenschen«. Diese Hinweise sollten ebenso auf jedem Auto stehen.

Nein, vermutlich sind diese zehn getöteten Menschen täglich doch schon Normalität, als dass es für die Medien, die Politiker und auch für uns jeden Einzelnen interessant genug ist.

Täglich werden uns in den Nachrichten die Zähler und Punkte vom DAX, die Entwicklung von Aktienkursen mitgeteilt, damit wir gegebenenfalls handeln und kaufen oder verkaufen. Warum werden nicht auch die Zahlen der Verkehrstoten bekannt geben? Interessieren wir uns wirklich mehr für Geld und andere materielle Werte als für unsere Mitmenschen? Oder müssen wir erst selbst betroffen sein, müssen wir erst selbst den Schmerz und den Verlust eines geliebten Menschen erfahren, damit das Thema Sicherheit im Straßenverkehr Relevanz für uns bekommt? Es kann doch nicht sein, dass wir so kalt und gewissenlos sind wie die Attentäter vom Oktoberfest.

Auch das ist Statistik und kaum jemand weiß davon. Jeden Tag hören wir im Radio von Staus, meist auf den Autobahnen. Hier 2 bis 3 km, an anderer Stelle auch mal 20 bis 30 oder mehr km. Summiert kommen wir in 2014 auf deutschen Autobahnen auf 475.000 Staus mit einer Gesamtlänge von 960.000 km. Reisende haben demnach auf eine Dauer von ca. 285.000 Stunden unfreiwillig auf Autobahnen gestanden. Das sind über 32 Jahre.

Der allein dadurch verursachte volkswirtschaftliche Schaden wird auf 30 Milliarden Euro (in Ziffern: 30.000.000.000,00 Euro) beziffert. Unfälle in der Summe werde mit einem volkswirtschaftlichen Schaden von über 100 Milliarden Euro geschätzt, durch jeden Verkehrstoten entsteht ein volkswirtschaftlicher Schaden in Höhe von ca. 1 Million Euro (das sind noch einmal ca. 4 Milliarden Euro).

Alles nackte Zahlen, aber wozu, geht es doch politisch und wirtschaftlich immer um das liebe Geld. Diese Zahlen sind jedoch für den einzelnen so groß, hoch oder weit weg, dass sie ihn kaum mehr ansprechen, geschweige denn »emotional« betreffen.

Wie genau betreffen denn den Einzelnen diese Zahlen?

Wenn nun im Bundeshaushalt 150 Milliarden Euro fehlen, weil wir diese durch Fehler im Straßenverkehr verschleudern, wird halt woanders gespart oder durch Steuern vom einzelnen Bundesbürger in Form von Steuererhöhung ausgeglichen. Nur: 50 Milliarden Euro bedeuten für jeden Einzelnen von Ihnen, vorausgesetzt er zahlt Steuern, fast 1000 Euro pro Jahr! Und wir alle zahlen mehr oder weniger Steuern an den Staat. Sei es, wenn wir einkaufen durch die Mehrwertsteuer, wenn wir arbeiten die Lohnsteuer, wenn wir Auto fahren die Kfz-Steuer, wenn wir einen Hund haben durch die Hundesteuer usw., usw. Mir tun diese 1000 Euro weh. Mir tut generell jeder Euro weh, den ich unnötig und zusätzlich an Steuern zahlen muss.

»Da können wir ja nichts dran ändern.« »Das ist halt so.« »Jeder muss ja Steuern zahlen«, usw. Solange wir so denken, dürfen wir uns aber auch nicht ärgern, wenn mal wieder die Steuern oder Abgaben erhöht oder Gelder für zum Beispiel Bildung, Familien oder Renten gesenkt werden. Kaum jemand möchte freiwillig mehr Steuern zahlen müssen. Aber in wieweit sind wir, sind Sie, bereit dafür auch etwas zu tun?

Selbstverständlich können wir alle, auch Sie, etwas daran ändern. Viel einfacher als man glaubt. Viel einfacher als beim Einkauf nur einen Euro Rabatt auszuhandeln, können wir durch Veränderung unseres Verhaltens im Straßenverkehr nicht nur etwas für die Sicherheit im Straßenverkehr tun, sondern als positive Begleiterscheinung auch Geld verdienen beziehungsweise sparen.

Klingt das jetzt alles sehr weit weg für Sie? Für mich selbst war das so. Warum? Weil kein Mensch darüber redet. Ich würde mir wünschen, dass die Medien mehr über diese Themen und dessen Details berichten und Politiker verantwortungsbewusster darüber nachdenken und dementsprechend handeln würden. Wir können nur die Dinge ändern, die wir auch kennen. Solange wir über die Fakten der Unfallstatistik und deren Zusammenhänge nicht deutlich informiert werden, solange gehen wir doch davon aus, dass alles so mehr oder weniger in Ordnung ist. Ist es aber nicht.

Und wir haben auch den Anspruch darauf, über Fakten informiert zu werden, die uns oder unsere Gesundheit beeinträchtigen oder uns finanziell be- oder entlasten können.

Nur wenn wir um die Probleme wissen, haben wir die Chance etwas zu verändern. Und da ich in den Menschen immer erst das Gute sehe, bin ich sicher, dass grundsätzlich jeder von uns, auch Sie, ein guter Verkehrsteilnehmer sein, bleiben oder werden will. Keiner möchte schuldhaft oder unverschuldet an einem Unfall beteiligt sein. Aber die Zahlen sprechen eine andere Sprache. Die Statistik und Wahrscheinlichkeit sieht anders aus. Wenn die Polizei täglich bereits ca. 7000 Unfälle aufnimmt, aber nicht zu jedem Unfall die Polizei gerufen wird, können wir leicht auf 10.000 Unfälle im Straßenverkehr pro Tag kommen. In der Regel sind oft zwei oder auch mehrere Personen, egal ob schuldhaft oder unverschuldet, beteiligt. Bei nur zwei Unfallbeteiligten pro Unfall kommen wir rechnerisch auf insgesamt ca. 7 Millionen Unfallbeteiligte pro Jahr. Bei ungefähr 50 Millionen Führerscheininhabern in Deutschland beträgt die Wahrscheinlichkeit an einem Unfall beteiligt zu sein für jeden ungefähr alle sieben Jahre einmal oder für jeden Siebten einmal pro Jahr.

Angenommen, die eine Hälfte der Führerscheininhaber fährt zehn Jahre unfallfrei, ist die andere Hälfte bereits nach viereinhalb Jahren an einem Unfall beteiligt. Diese Berechnung ist natürlich ein wenig spekulativ.

Fakt ist, wer am Straßenverkehr teilnimmt geht immer das Risiko ein, in einen Unfall verwickelt zu werden. Es geht nicht um die Frage ob, sondern wann auch Sie das nächste Mal an einem Unfall beteiligt sind.

Und ja, jeder von uns kann das Risiko beeinflussen. Wer selten am Straßenverkehr teilnimmt, hat ein geringeres Risiko als zum Beispiel ein beruflicher Vielfahrer. Wer sich überwiegend an die Regeln im Straßenverkehr hält, hat ebenfalls ein geringeres Risiko.

Was wir eher nicht beeinflussen können sind dann der Umfang, die Schwere oder die Folgen des Unfalls.

Fakt ist wiederum: Hinterher lässt sich die Zeit nicht zurückdrehen und ein Unfall nicht ungeschehen machen. Fakt ist auch, dass 2014 die Anzahl der Verkehrstoten auf unseren Straßen wieder zugenommen hat. Wann sind wir bereit, uns dieses Themas mit dem nötigen Ernst und der gebotenen Wertschätzung anzunehmen?

Der »gute« Verkehrsteilnehmer
oder: Wie wir alle besser werden können

Als Fahrlehrer versuche ich mit meinen Kolleginnen und Kollegen tagtäglich gute Kraftfahrer auszubilden. Wir versuchen, jeden Fahrschüler so zu qualifizieren, dass die Unfallstatistik durch diesen »neuen« Kraftfahrer möglichst nicht ansteigt. Wir geben täglich Tipps aus der Praxis für die Praxis; wie zum Beispiel Unfälle, Staus oder unnötige Umweltbelastungen vermieden werden können.

Wir versuchen nicht nur, dass der Fahrschüler die Prüfungen beim ersten Anlauf besteht, vielmehr wollen wir, dass er nach Abschluss der Ausbildung und Prüfung als guter Kraftfahrer vorbereitet ist. Aber was ist eigentlich ein guter Kraftfahrer, oder was macht einen guten Kraftfahrer aus?

Ein Kraftfahrer, der keine Unfälle verursacht? Würde das im Umkehrschluss heißen, dass jeder Kraftfahrer, der schon mal einen Unfall verursacht hat, ein schlechter Kraftfahrer ist? Also auch ich? Nein, das ist mir zu einfach und wäre auch nicht richtig. Und ist jeder Verkehrsteilnehmer, der einen Unfall verursacht hat, ein »schlechter« Verkehrsteilnehmer? Nein, auch nicht, denn wir sind Menschen und Menschen machen Fehler. Ein Unfall kann passieren, jedem. Kein Mensch ist von Geburt an ein perfekter Verkehrsteilnehmer.

An dieser Stelle fällt Ihnen vermutlich auf, dass ich zum einen das Wort »Verkehrsteilnehmer« und zum anderen »Kraftfahrer« benutze. Unter Kraftfahrer verstehen wir in der Regel Fahrer von Kraftfahrzeugen. Meine Überlegungen richten sich aber oft auch an alle anderen Verkehrsteilnehmer, auch Fahrer von Fahrzeugen (Fahrrädern) oder Fußgänger (inklusive Fahrer von Skateboards, Inlinern oder Ähnlichem). Im Grunde meine ich jeden, der auf irgendeine Art im oder am Straßenverkehr teilnimmt.

Es reicht eigentlich nicht aus, nur gute Kraftfahrer auszubilden, wenn dann die Fußgänger oder Radfahrer unachtsam oder sogar bei Rot die Straße überqueren. Außer, man rechnet ständig mit dem Fehlverhalten anderer. Aber wer von uns rechnet schon ständig mit den Fehlern anderer? Sind wir nicht mit vielen anderen Dingen beschäftigt?

Wer aber ist nun ein guter Verkehrsteilnehmer?

Die wenigsten Unfälle passieren aufgrund technischer Defekte wie zum Beispiel, weil die Bremsen versagen, ein Reifen platzt oder Ähnliches. Vielmehr sind es die Fehler, die wir Menschen als Verkehrsteilnehmer im Straßenverkehr machen. Fehler oder oft auch Verstöße gegen die Verkehrsregeln. Regelverstöße – und hier ganz besonders die Überschreitung der jeweils gesetzlich zugelassenen Höchstgeschwindigkeit –, aber auch das zu langsame Fahren, Vorfahrtmissachtung, Fahren unter Alkoholeinfluss, zu geringer Abstand, das einfache Übersehen von Verkehrszeichen, Rotlichtverstoß, falsches oder unterlassenes Blinken, nicht ausreichende Beobachtung der anderen usw. sind unsere häufigsten Fehler und die Ursachen unserer Unfälle. Die Frage ist, besteht hier ein Zusammenhang zwischen Fehler machen, Verkehrsregeln nicht einhalten und der Verursachung von Unfällen?

Ich behaupte jetzt einfach mal: Wer sich überwiegend an die Verkehrsregeln hält, bemüht ist wenig Fehler zu machen, ist ein guter Verkehrsteilnehmer!

Da wir uns ja alle (mehr oder weniger) an die Regeln halten, sind wir doch schon alle auch gute Verkehrsteilnehmer, oder?

Na klar! Aber was ist mit den anderen? Welche anderen? Sie haben doch bestimmt schon einmal im Straßenverkehr andere Teilnehmer mit oder ohne Kraftfahrzeuge beobachtet, die Fehler machen oder es mit den Regeln nicht ganz so genau nehmen. Ich kann und muss diese »anderen« tagtäglich beobachten. Vielleicht ist ja auch Ihnen als gutem Verkehrsteilnehmer schon mal der ein oder andere Verstoß gegen die Verkehrsregeln bei »anderen« aufgefallen. Vielleicht sogar deshalb, weil gerade Sie dadurch betroffen waren. Sei es, dass ein anderer Sie behindert oder sogar gefährdet hat. Aber auch darauf gehe ich später noch weiter ein.

Sind wir doch mal ehrlich. Wir sind nicht alle gleich und schon gar nicht in allen Dingen gleich gut. Unseren Fahrschülern sagen wir immer, dass es 50 % gute Verkehrsteilnehmer gibt, die eher weniger Fehler im Straßenverkehr machen und 50 %, die eher etwas mehr Fehler machen oder sich anderweitig aus verschiedenen Gründen im Straßenverkehr einfach nur schwertun.

Dies soll keine persönliche Bewertung für den Einzelnen sein. Es kennt sich halt nicht jeder mit allen Regeln im Straßenverkehr perfekt aus. Das geht ja auch bei den Tausenden von Regeln nicht mehr. Dann gibt es Orts-fremde oder Urlauber zu beobachten, welche sich nicht so gut auskennen. Manche haben den Führerschein auf dem Land gemacht und fühlen in einer Großstadt nicht so sicher. Dann sind die Fahranfänger unterwegs, denen fehlt noch die Erfahrung zum wirklich guten Autofahrer. Oder die älteren Verkehrsteilnehmer, welche schon durch körperliche Einschränkungen wie sehen, hören oder Bewegungseinschränkungen nicht mehr ganz so gut sind wie in jungen Jahren. Dann sind viele Ortsunkundige, welche vielleicht nach einer Adresse oder Straße suchen, unterwegs. Wir haben Verkehrsteilnehmer mit ausländischem Führerschein oder sogar Kraftfahrer ohne Führerschein.

50% Gute, 50% andere

So gibt es ca. 50 % Gute und ca. 50 % andere, welche sich einfach nur ein wenig schwertun im Straßenverkehr. Also jeder Zweite. Nun gehört keiner von uns nur oder immer zur Gruppe der »Guten« und auch keiner ausschließlich zur Gruppe der »anderen«. Jeder von uns ist mal mehr oder auch mal weniger aufmerksam unterwegs.

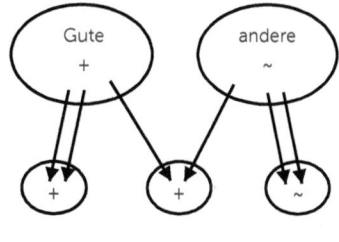

Fakt ist, wenn sich zwei Verkehrsteil-nehmer aus der Gruppe der »Guten« (Auf-merksamen) im Straßenverkehr treffen, passieren keine Unfälle.

Selbst wenn sich ein »Guter« mit einem aus der Gruppe der »anderen« (nicht so Aufmerksamen) im Straßenverkehr trifft, geht es meist gut, weil der »Gute« ja mit aufpasst.

Aber wenn sich mal zwei Verkehrsteilnehmer aus der Gruppe der »an-deren« treffen, der eine macht einen Fehler und der andere passt nicht auf, dann kann daraus sehr leicht ein Unfall entstehen.

Wir fragen unsere Fahrschüler immer, zu welchen 50 % sie einmal gehö-ren wollen. Natürlich wollen wir alle zu den 50 % »Guten« gehören, welche möglichst wenig Fehler machen und nicht in Unfälle verwickelt werden. Wie aber schaffen wir das? Die Antwort ist eigentlich ganz einfach!

Wir nehmen überwiegend aufmerksam am Straßenverkehr teil und passen auf die anderen mit auf.

Dies meint übrigens schon der § 1 der Straßenverkehrsordnung, wenn es dort im 1. Absatz heißt:

»Die Teilnahme am Straßenverkehr erfordert ständige Vorsicht und gegenseitige Rücksicht.«

Ständige Vorsicht durch gute Beobachtung und gegenseitige Rücksicht durch helfen.

Wenn das doch nun so einfach ist, wir alle vorsichtig sind und auch Rücksicht nehmen, warum passieren trotzdem immer wieder Fehler und Unfälle? Auch ganz einfach. Zum einen heißt es »ständig«! Das setzt also voraus, dass wir nicht durch Handy oder Ähnliches abgelenkt sind. Zum anderen muss man die Gefahren erst mal kennen, damit man weiß, wo und wann man besonders vorsichtig sein muss.

Beispiel: Wir wissen nicht automatisch von Geburt an, was »heiß« bedeutet oder wie sich ein Stromschlag anfühlt. Daher sind Kleinkinder am Ofen, Bügeleisen oder an der Steckdose nicht vorsichtig. Es wird ausprobiert, auch mal ein Bügeleisen oder eine Herdplatte angefasst, oder, wie bei mir, auch mal etwas in die Steckdose gesteckt. Obwohl natürlich alle Eltern vorher auf die Gefahr aufmerksam gemacht und bestimmt mehrfach Vorsicht geboten haben, werden auf diese Art von vielen Kindern eigene Erfahrungen gemacht. Ich sehe gerade Ihr Schmunzeln vor Augen. Ich kann mich an viele meiner Erlebnisse erinnern oder weiß aus Erzählungen, dass ich den Empfehlungen meiner Eltern nicht immer gefolgt bin und meine eigenen Erfahrungen machen wollte oder musste.

Das Gleiche passiert im Straßenverkehr. Natürlich haben wir Fahrlehrer die vielen Gefahren im Straßenverkehr angesprochen. Worte halt. Viele, insbesondere Fahranfänger, müssen aber erst ihre eigenen Erfahrungen machen.

Ständige Vorsicht durch eine aufmerksame Beobachtung?!

Verkehrspolizisten und auch Unfallbeteiligte werden bestätigen, dass die ersten Worte nach einem Unfall sehr häufig lauten: »… hab ich nicht gesehen.«

Beim Abbiegen: »… wo kam denn der Radfahrer her?«, beim Fahrstreifenwechsel: »... wo kam denn der Motorradfahrer her?«, bei der Missachtung von Geschwindigkeitsgrenze oder Vorfahrt: »... wo war denn das Verkehrszeichen?« usw., usw. Mangelnde Beobachtung ist sehr häufig der Grund für Fehler oder Regelverstöße im Straßenverkehr.

Vor diesem Hintergrund hören unsere Fahrschüler mindestens einmal pro Fahrstunde folgende Worte:

»In der Ruhe liegt die Kraft und in der Beobachtung die Sicherheit.«

Oder auch:

»Nur Verrückte haben es eilig.«

Oder:

»Schnell passieren schnell Fehler.«

Wenn ich schreibe, dass es nur 50 % gute und 50 % andere Verkehrsteilnehmer gibt, dann spiegelt das natürlich nur meine persönliche Beobachtung, Erfahrung und Empfindung wider. Eine repräsentative Umfrage hat mal ergeben, dass sich 90 % der Führerscheininhaber für gute oder sehr gute Verkehrsteilnehmer halten. Nur 10 % gehen davon aus, dass sie normale oder eher schlechte Verkehrsteilnehmer sind. Dagegen steht die Tatsache, dass ca. 9 Millionen Menschen Einträge im Verkehrszentralregister in Flensburg haben. Das sind schon fast 20 %, also fast jeder fünfte!

Fakt ist also, dass über 9 Millionen Menschen erheblich oder wiederholt die Gesetze im Straßenverkehr missachtet und somit Fehler gemacht haben.

Verkehrszentralregister Flensburg

Glücklicherweise führt nicht jeder Fehler oder Regelverstoß im Straßenverkehr auch gleich zu einem Unfall. Häufig, zumindest wenn man erwischt wird, gibt es »nur« ein Verwarnungs- oder Bußgeld, manchmal in Verbindung mit einem oder mehreren Punkten in Flensburg. Flensburg ist der Sitz des Verkehrszentralregisters. Dies wird von manchen auch »Verkehrssünderkartei« genannt. Warum, weiß ich nicht. Was ich weiß ist, dass es bei diesem Punktesystem nicht wie bei einer Payback-Karte darum geht, je mehr Punkte umso besser! Im Gegenteil, wenn in Flensburg zu viele Punkte gesammelt werden, ist der Führerschein bzw. die Fahrerlaubnis gefährdet und kann sogar entzogen werden. Das fühlt sich fast wie Diebstahl einer hart erkämpften Erlaubnis an. Insbesondere vor der Tatsache, dass die meisten Verstöße von Verkehrsregeln nicht bewusst oder freiwillig passiert sind.

In diesem Zusammenhang fällt mir die Aussage von Jörg Pilawa ein. Im Morgenmagazin hat er vor einiger Zeit (im November 2014) in einem Interview mitgeteilt: »Wer keinen Eintrag in Flensburg hat, hat entweder viel Glück gehabt oder ist ein Verkehrshindernis«. Das wären nun ca. 41 Millionen Menschen! Ich war über diese Aussage von einem Fernsehmoderator, der in der Öffentlichkeit steht, mehr als erschrocken. Daher habe ich ihm und der ARD eine Mail geschrieben und nachgefragt, ob Herr Pilawa zu den 41 Millionen Führerscheininhabern gehört, welche Glück hatten oder zu denen, die ein Verkehrshindernis sind. Oder ob er zu den 9 Millionen gehört, welche erheblich oder wiederholt die Verkehrsgesetze missachten und dadurch die Verletzung von Leib und Leben anderer Menschen billigend in Kauf nehmen. Herr Pilawa selbst hat diese Anfrage bis heute nicht beantwortet. Die ARD hat mitgeteilt, dass Herr Pilawa ein Unterhaltungsmoderator ist und diese flapsige Äußerung eine nicht ernst gemeinte Verlautbarung war und als Pointe gesetzt wurde. Dazu muss man wissen, dass eine »Pointe« unter anderem die Bezeichnung für einen überraschenden Schlusseffekt in einem Witz ist. Ich persönlich halte das Verkehrszentralregister und deren Eintragungen für keine witzige Geschichte, da hier ein direkter Zusammenhang zur Sicherheit im Straßenverkehr besteht. Daher werde ich mir keine Sendungen mehr von oder mit Herrn Jörg Pilawa, weder mit noch ohne flapsigen Äußerungen, ansehen.

Dieses Punktesystem wurde komplett erneuert. Hier sind umfangreiche Änderungen durchgeführt worden. Bislang war es so, dass der Betroffene ab einer bestimmten Punkteanzahl von der Behörde angeschrieben und auf weitere Konsequenzen hingewiesen wurde. Wenn noch mehr Punkte hinzukamen, wurde der Betroffene aufgefordert, in einer gesetzten Frist ein »Aufbauseminar für Punkteauffällige« (ASP-Kurs) zu besuchen. Nur mit dem fristgerechten Nachweis über die Teilnahme konnte man verhindern, dass die Fahrerlaubnis rechtskräftig entzogen wurde. Für viele gab es auch die Möglichkeit, freiwillig an diesem ASP-Kurs teilzunehmen, um vorhandene Punkte teilweise abzubauen.

Auch wir haben in unserer Fahrschule regelmäßig diese ASP-Kurse durchgeführt. Hierdurch konnte ich schon viele Verkehrsteilnehmer, die Eintragungen in Flensburg haben oder hatten, persönlich kennenlernen. Es waren sowohl Vielfahrer als auch Fahrer, die eher seltener fahren, sowohl Frauen als auch Männer (eher mehr Männer). Was sie alle gemeinsam haben ist, dass sie häufiger oder heftiger gegen die Verkehrsgesetze verstoßen haben. Durch die Maßnahme und Teilnahme an einem ASP-Kurs hatten die Teilnehmer die Möglichkeit, mit anderen Kraftfahrern über diese Fehler zu reden, diese zu bewerten und auch Strategien zur Vermeidung zu entwickeln. Ich habe von den meisten Teilnehmern am Ende des Kurses sehr positives Feedback erhalten und konnte bei sehr vielen auch eine positive Veränderung bestimmter Sichtweisen oder auch Einstellungen erkennen. Wie unterschiedlich, manchmal spannend, aber auch erschreckend die Sichtweisen zu Beginn des Kurses waren, möchte ich an ein paar Beispielen erläutern.

ASP-Kurse bestehen aus vier gruppendynamisch geführten Sitzungen zu je 135 Minuten, in denen der durchführende, dafür speziell ausgebildete Fahrlehrer als Moderator die Gespräche der Teilnehmer überwiegend nur leitet. In der ersten Sitzung, dies ist übrigens immer die interessanteste, stellen sich die Teilnehmer vor und berichten über ihre Punkte und wie es dazu gekommen ist. Diese Gespräche sind selbstverständlich absolut vertraulich, daher werden in den folgenden Beispielen auch keine Namen genannt oder detaillierte Angaben gemacht.

Ich erinnere mich zum Beispiel gut an den Fahrer eines Porsche. Er hatte die meisten Punkte wegen mehrfacher Geschwindigkeitsübertretung. Er erzählte uns davon, wie schwierig es sei, sich mit einem Porsche an die zugelassenen Geschwindigkeiten zu halten oder eben langsam zu fahren. Die anderen Teilnehmer hatten auch alle gleich Verständnis. Er wird ja quasi vom Automobilhersteller dazu gezwungen.

Ein anderer Teilnehmer, ein freier Handelsvertreter, begründete seine 14 Punkte mit der sehr hohen Kilometerleistung. Sein Beruf bringe es mit sich, bis zu 50.000 km im Jahr zurücklegen zu müssen. Dass es dadurch auch mal zu Regelverstößen kommt, sei, ich zitiere, »normal«. Auch das haben alle wieder sofort eingesehen. Dieser Teilnehmer hätte auch besonderes Verständnis für den Porschefahrer aus dem anderen Kurs gehabt. Er teilte ebenfalls mit, dass gerade die Geschwindigkeit in den größeren BMW, Audi, Mercedes usw. nur noch ganz schlecht abzuschätzen sei. Der Hinweise eines Teilnehmers – »dafür gibt es doch den Tacho« – wurde sofort wieder entkräftet. Schließlich muss man bei über 200 km / h auf die Straße schauen.

Erwähnenswert war auch der Teilnehmer, welcher es geschafft hatte, nur für das Telefonieren während der Fahrt ohne Freisprecheinrichtung in elf Fällen 11 Punkte dafür zu sammeln. Selbstverständlich wurde auch dieser mehr oder weniger dazu gezwungen. Da er regelmäßig im Beisein seiner Ehefrau Auto fahre und diese ja nun nicht wirklich jeden Inhalt eines Telefonats mit anhören brauche (solle), war er dadurch gezwungen, keine Freisprecheinrichtung zu benutzen. Auch dafür hatten alle sofort Verständnis. Hier kann ich mich noch genau an die Tipps der anderen Teilnehmer erinnern. Erstens gäbe es auch Kopf- bzw. Ohrhörer und zweitens könne er sich ja auch scheiden lassen, oder zumindest seine Frau nicht mehr im Auto mitnehmen?!

Ein weiterer Teilnehmer, an den ich mich auch sehr gut erinnern kann, hatte mehrere Punkte für das wiederholte Missachten von roten Ampeln sowie mehrere Geschwindigkeitsübertretungen. Und auch er wurde wieder mehr oder weniger dazu gezwungen. Zum einen beträgt der Weg von zu Hause zur Arbeitsstätte fast 50 km. Das hat er sich nicht selbst ausgesucht, das hat sich durch den Umzug des Unternehmens vor geraumer Zeit ergeben. Dadurch gerät er regelmäßig unter Zeitdruck, obwohl er doch schon extra ein bisschen früher losfährt als zu der Zeit, als es nur 15 km waren. Zum anderen werden auf der Strecke zur Arbeit öfters Baustellen eingerichtet, woraus sich zusätzlich Behinderungen oder Staus ergeben. Dann wiederum gibt es diese notorischen Langsamfahrer, welche sich tatsächlich an jede

Geschwindigkeitsbeschränkung halten. Und zu allem Überfluss schalten, zwar nicht jede, aber fast alle Ampeln, immer direkt vor ihm auf Rot. Nun kann natürlich nicht jeder auf öffentliche Verkehrsmittel umsteigen. Auch das Einkalkulieren von Baustellen oder das noch frühere Verlassen des Hauses ist nicht immer möglich. Auch dieser Teilnehmer ist, allerdings nicht bei allen, auf Verständnis gestoßen.

Einer geht noch: Wieder ein Vertreter, welcher beruflich gezwungen wurde, jährlich sehr viel Zeit auf der Autobahn zu verbringen, hatte seine Punkte durch Geschwindigkeit sowie zu geringen Abstand, Überholen von rechts und dann auch noch Nötigung (hiermit allein 5 Punkte, weil Straftatbestand) erhalten. Und das kann nun wirklich jeder verstehen, der regelmäßig auf der Autobahn fahren muss. Deutschland ist eins der wenigen Ländern der Erde, in dem man auf der Autobahn so schnell fahren darf wie man eben kann. Dann muss man das doch auch nutzen, oder nicht? Nein, da gibt es immer wieder diese Kraftfahrer, die durchgängig links oder in der Mitte fahren, obwohl rechts davon die Spur frei ist. Als wenn die anderen es nicht wüssten. In Deutschland gilt das Rechtsfahrgebot. Nur zum Überholen dürfen die Spuren links genutzt werden, aber wenn nicht gerade überholt wird, muss man nach dem Überholen wieder in die rechte Spur zurück. Aber das weiß man doch, oder? Das gilt übrigens auch bei drei Fahrstreifen für jede Richtung. Der rechte der drei Fahrstreifen ist nicht nur für Lkw!

Natürlich wird das Abweichen vom Rechtsfahrgebot in Deutschland auch mit einem Bußgeld in Höhe von 80 Euro und 1 Punkt in Flensburg bestraft. Aber wenn da einer in der Mitte unterwegs ist und ein anderer diesen rechts überholt, wird natürlich immer nur der Zweite erwischt. Es hat zwar der notorische »Ich-fahre-in-der-Mitte-Fahrer« den Überholvorgang verursacht, aber bestraft wird der Andere. Wie sieht das in der Praxis aus?

Autobahn, drei Fahrstreifen, ganz rechts fährt der Lkw, erfahrungsgemäß mit 85 bis 90 km/h, wird dann von dem Pkw-Fahrer mit Anhänger mit 100 km/h überholt und dieser wiederum von einem Fahrer, der auf dem Weg in den Urlaub ist, mit 110 km/h. Nun könnte ja der Fahrer mit Anhänger nach dem Überholen wieder in die rechte Spur zurück. Aber lohnt sich das? Kommt doch in spätestens fünf Minuten der nächste Lkw! Ergo, es lohnt sich nicht, er bleibt in der Mitte. Diese oder ähnliche Gedanken müssen wohl auch die Fahrer auf dem linken Fahrstreifen haben.

Achten Sie mal bei mehreren Fahrstreifen darauf, auch auf Landstraßen oder in Großstädten, die meisten Verkehrsteilnehmer fahren auf dem linken Fahrstreifen. Die rechten Fahrstreifen sind oft viel freier.

Jedenfalls fährt man beruflich gezwungen auf der linken Spur auf der Autobahn mit gemütlichen und erlaubten 200 km / h (in größeren Limousinen gefühlte 130 km / h), man kann ja nicht damit rechnen, dass der Fahrer auf der ganz linken Überholspur auch gemütlich unterwegs ist, allerdings in den Urlaub und nicht beruflich, aber eben nur mit 110 km / h. Etwas verschätzt, etwas spät gebremst, weil man davon ausgegangen ist, dass der Urlauber wieder nach rechts zurückwechselt, schließlich müsste er dies ja rein rechtlich nach dem Überholen, aber er macht es nicht. Also, schnell noch mal die Lichthupe zum Ankündigen der Überholabsicht (ist übrigens erlaubt, wenn es die Überholabsicht ankündigen soll). Hat der Urlauber wohl übersehen, also zur Vorsicht lieber noch einmal die Überholabsicht mit der Lichthupe signalisiert. Keine Reaktion vom Urlauber und es kam, wie es kommen musste: Der Abstand war gerade noch groß genug, dass der Vertreter einen Auffahrunfall verhindern konnte. Schnell noch einmal die Lichthupe, vielleicht reagiert der Urlauber ja jetzt. Und das tat er dann auch. Notierte sich Kennzeichen von anderen Kraftfahrern (Zeugen) und zeigte den Vertreter wegen Nötigung an. Mit dieser Geschichte hatte der Teilnehmer nicht nur 5 Punkte auf einen Schlag, sondern auch das Verständnis aller anderen ASP-Kursteilnehmer gewonnen.

An einen Vorschlag aus der Gruppe kann ich mich ebenfalls sehr gut erinnern: »Fahr doch gleich auf dem Pannenstreifen, das ist zwar die falsche Benutzung der Fahrbahn, kostet aber nur 20 Euro, ohne Punkte!«

Nun gut, wer nicht übertreiben kann, der kann nicht anschaulich erklären. Und zum Glück wird man ja auch nicht jedes Mal gleich erwischt. Ich könnte stundenlang so weitererzählen. Im Kern sind alle Geschichten gleich. Es geht immer um die Fehler, welche im Straßenverkehr gemacht wurden. Natürlich nur von den anderen. Und wenn ich mich an die vielen Beobachtungsfahrten mit diesen »erfahrenen« Teilnehmern erinnere, dann würden über 50 % heute keine Fahrprüfung mehr bestehen. Im Gegenteil, bei ca. 25 % tickt die Zeitbombe. Es stellt sich nicht mehr die Frage ob, sondern wann ein Unfall verursacht wird.

Sanktionen im Verhältnis

Auch ich habe mal in jungen Jahren (vor der Fahrlehrerausbildung) 1 oder 2 Punkte für zu schnelles Fahren bekommen. Gut, habe ich mir gedacht, die Punkte tun nicht weh, ich muss nur aufpassen, dass es nicht zu viele werden. Ärgerlicher waren eher die damals zu zahlenden 40 DM (wenn ich die Höhe des Bußgeldes richtig in Erinnerung habe). Dann war ich aber auch ehrlich zu mir selbst, habe überlegt, wie oft ich schon zu schnell gefahren war und wie oft man mich dabei erwischt hatte. Die Kosten-Leistungsrechnung ergab, dass ich schon an die 50 Mal zu schnell gefahren war. Einmal 40 DM, 80 Pfennig pro zu schnelles Fahren: Ergebnis ist noch ok. Wenn es nur die 80 Pfennige bzw. heute wohl 80 Cent wären, wäre diese Kalkulation zumindest mathematisch in Ordnung. Aber es geht ja um mehr. Es geht um die Relation. 50 Mal zu schnell fahren sind 50 Fehler, welche das Risiko eines Unfalls um den Faktor 50 erhöht.

Sollten Sie jetzt überlegen, dass auch Sie vielleicht schon mal erwischt wurden, in Flensburg registriert sind und Punkte haben oder hatten, bitte bekommen Sie jetzt deshalb nicht gleich ein schlechtes Gewissen. Mit ca. 9 Millionen (9.000.000) Kraftfahrzeugführern, die in Flensburg registriert sind und Punkte haben, sind oder waren Sie nicht in einer Mindergesellschaft. Immerhin ist das fast jeder fünfte Kraftfahrzeugführer. Bedeutet allerdings auch, dass jeder fünfte Kraftfahrzeugführer mehrfach, regelmäßig oder nicht unerheblich die Gesetze der Straßenverkehrsordnung missachtet. Unberücksichtigt sind alle Bußgelder, welche noch nicht mit Punkten belegt sind. Unberücksichtigt sind auch die Verkehrsteilnehmer, welche die Verstöße als Fahrradfahrer oder Fußgänger begehen. Übrigens, auch der Fahrradfahrer, welcher bei Rot über eine Ampelkreuzung fährt und einen Führerschein hat, kann Punkte und oder sogar Fahrverbot bekommen. Wenn Sie einmal ehrlich sind oder im Straßenverkehr beobachten, wer sich alles wirklich an die Regeln der Straßenverkehrsordnung hält, werden Sie feststellen, dass wir mit unserer Aussage, es gäbe 50 % gute und 50 % andere Verkehrsteilnehmer, nicht ganz falsch liegen.

In der Beobachtung liegt die Sicherheit!

Vielleicht habe ich bei Ihnen schon erreicht oder Ihr Interesse geweckt, die anderen Verkehrsteilnehmer mehr zu beobachten. Dann schauen Sie doch mal ganz bewusst, zum Beispiel auf dem Weg von und zu der Arbeit, ob und wie viele Verkehrsregelüberschreitungen Sie bei den anderen beobachten können. Fangen Sie einfach mal mit der Geschwindigkeit an.

Beim Beobachten oder Kontrollieren der Geschwindigkeit möchte ich auf ein weiteres, eher kleines Problem hinweisen. Wenn jetzt in der geschlossenen Ortschaft bis zu 50 km/h erlaubt sind, dann ist dies die maximale Höchstgeschwindigkeit unter den günstigsten Umständen. Manchmal ist es erlaubt und auch notwendig, langsamer zu fahren. Was nicht erlaubt, somit verboten ist, ist schneller zu fahren. Schneller bedeutet auch schon 51 km/h. Da nicht jeder Tacho bei jedem Fahrzeug geeicht ist und gleich anzeigt, kommen hier schon Unterschiede zustande. Grundsätzlich zeigt ein Tacho mehr an, als man wirklich fährt. Hier sind alle, welche ein Navigationsgerät mit Geschwindigkeitsanzeige haben, im Vorteil. Ein Navi ortet in sehr kurzen Sekundenabständen auf wenige Meter genau den Standort des Fahrzeugs. Über den Ort und die für eine Strecke benötigte Zeit wird vom Navi die Geschwindigkeit mathematisch sehr genau berechnet.

Beispiel: Wenn ich mit Tempomat nach Navi genau 50 km pro Stunde fahre, dann zeigt mein Tacho schon 53 km/h an. Tatsächlich fahre ich aber genau die erlaubten 50 km/h. Ein anderer Autofahrer, welcher seinen Tempomaten gemäß Tacho genau auf 50 km/h eingestellt hat, fährt aber vermutlich nur 47 oder 48 km/h und nimmt an, dass ich zu schnell sein muss. Vor diesem Hintergrund sieht der eine den anderen als zu schnell und der andere den einen als zu langsam.

Besonders schwierig haben es Autofahrer ohne Tempomat und ohne Navi. Keiner kann über eine längere Strecke genau Strich 50 km/h fahren. Mal ist man etwas drunter, mal auch etwas drüber.

Wenn ich nun über die häufigste Unfallursache, Missachtung der Geschwindigkeitsbeschränkung schreibe, meine ich aber auch nicht die 2 bis 3 km/h Tachoabweichung. Selbst Abweichungen im Bereich von bis zu 10 % halte ich für menschlich. Soll heißen, wenn man selbst in der Zone 30 zwischen 27 und 33 km / h laut Tacho (nicht Navi) fährt oder in der Ortschaft zwischen 45 und 55, ist man immer noch auf der sicheren Seite.

Beobachten Sie nun aber nicht nur, wer zu schnell an Ihnen vorbeifährt, sondern erkennen Sie auch die anderen, die hinter Ihnen genauso gut und vorschriftsmäßig fahren wie Sie. Die Guten hinter uns fallen meist weniger auf als die »Raser«, welche an uns vorbeiziehen.

Oder beobachten Sie mal, wie viele wirklich noch beim Abbiegen oder Fahrstreifenwechsel dieses rechtzeitig und deutlich (nämlich mit dem Blinker) anzeigen und wie viele es nicht für nötig halten. Rechtzeitig und deutlich bedeutet im Übrigen vor dem Fahrstreifenwechsel oder vor dem Abbiegen, nicht währenddessen.

Durch die Beobachtung der anderen sind Sie nicht nur auf dem Weg, sondern gehören schon zu den 50 % aufmerksamen und besseren Verkehrsteilnehmern. Herzlichen Glückwunsch!

Fazit: Vielen Verkehrsteilnehmern gelingt es nicht zu 100 %, sich immer an die gesetzlichen Verkehrsregeln zu halten. Und dafür gibt es verschiedene Gründe. Viel Spaß mit dem nächsten Kapitel.

Gründe für Fehler und Unfälle
im Straßenverkehr

Grundsätzliches

Wenn etwas nicht besonders gut läuft und man es verbessern möchte, muss man die Gründe analysieren. Je mehr Gründe es gibt, desto schwieriger wird es.

Wenn das Auto nicht richtig funktioniert, fährt man ja auch in die Werkstatt, sucht die Gründe, diese werden (meistens) gefunden und behoben. Wenn mal ein selbst gekochtes Essen nicht so gut schmeckt, sucht man die Ursache, macht es beim nächsten Mal besser und ist dann zufrieden. Manchmal reicht es aber nicht aus, an einer Schraube zu drehen (Motor) oder einfach nur etwas mehr Salz zu nehmen (Essen). Oft sind mehrere Gründe die Ursache. Wenn man es sich leicht machen möchte, kann man sich natürlich damit abfinden, dass der Wagen nicht gut läuft oder das Essen nicht gut schmeckt. Das kann beim Wagen bedeuten, dass dieser irgendwann gänzlich streikt. Da dies den Einzelnen direkt betrifft, wird er es nicht so weit kommen lassen.

Da im Straßenverkehr zum Glück noch nicht jeder einen Unfall verursacht hat, verletzt wurde oder den Tod eines anderen zu verantworten hat, sieht auch nicht jeder das Problem. Und damit sehen auch viele nicht die Notwendigkeit, etwas zu verändern. Vor diesem Hintergrund halte ich es für notwendig, die Probleme und die steigende Unfallstatistik mehr über die Medien zu veröffentlichen. Es reicht nicht aus, dass wir Fahrlehrer uns mit dem Problem befassen oder wir uns nur auf die Kontrollen der Polizei verlassen. Es sollten sich viel mehr Verkehrsteilnehmer öfter mit den Gefahren im Straßenverkehr beschäftigen. Ansonsten ist es keine Frage ob, sondern vielmehr wann auch wir (auch Sie und ich) unmittelbar betroffen sein werden. Mit steigender Unfallstatistik steigt automatisch die Wahrscheinlichkeit, dass Sie, lieber Leser, oder ich, unsere Familie oder Freunde, Nachbarn oder

Arbeitskollegen durch einen Unfall zu Schaden kommen. Wann wollen wir anfangen darüber nachzudenken, wann wollen Sie anfangen etwas dafür zu tun, dass unser Straßenverkehr wieder sicherer wird und die Unfallstatistik wieder sinken kann?

Anfangen ja, aber wie? Zum Beispiel mit der Grundregel:

§ 1 der Straßenverkehrsordnung (StVO) – Ständige Vorsicht, gegenseitige Rücksicht! (Und schon wieder sind wir bei der Beobachtung.)

Im Straßenverkehr ist es leider nicht ganz so einfach wie bei einem schlecht laufenden Auto oder einem versalzendem Essen. Hier liegen die Gründe für unsere Unfallstatistik auf den verschiedensten Ebenen. Und es reicht eben nicht aus, Verkehrsregeln zu erlassen und oder Bußgelder anzuheben. Es muss an jeder Schraube mehr oder weniger gedreht, jeder Grund betrachtet und gegebenenfalls verändert werden. Zumindest muss man es versuchen. In der Summe können wir etwas verändern, können die Sicherheit für uns alle im Straßenverkehr verbessern. Wir müssen es aber wollen und auch umsetzen!

Der Faktor Mensch

Eins der grundlegenden Probleme sehe ich in der allgemeinen gesellschaftlichen Entwicklung. Wenn man zum Beispiel in der Nachkriegszeit etwas
aufbauen oder erreichen wollte – und das wollten nicht nur viele, sondern
mussten es ja auch –, war es notwendig, die Ärmel hochzukrempeln. Gemeinsam mit der Hilfe und Unterstützung von anderen wurde angepackt.
Entbehrungen wurden akzeptiert und anderen selbstlos geholfen. Zuschauen
und abwarten hat noch niemanden nach vorne gebracht. Und in jedem
weisen Spruch liegt auch etwas Wahrheit. Nur gemeinsam sind wir stark!
Aber die goldenen Zeiten, als Milch und Honig flossen, sind vorbei. In der
heutigen »Leistungs- und Ellenbogengesellschaft« lernt man mittlerweile
schon sehr früh, dass, wenn man nach oben will, es nicht reicht die Ärmel
hochzukrempeln. Man muss auch schauen, wer schon oben ist und an wes-
sen Stuhl man »sägen« muss. Heute hat man selbstbewusst und egoistisch
zu sein. Nur wenn jeder an sich denkt ist auch an jeden gedacht und jeder
ist sich selbst der Nächste. Diese Einstellung wird leider sehr häufig mit in
den Straßenverkehr genommen. Nur dort funktioniert eben diese »Ellenbogengesellschaft« nicht.

Im Straßenverkehr ist das Ziel aller Teilnehmer mehr oder weniger gleich.
Alle wollen eine Strecke von A nach B zurücklegen. Dies möglichst schnell
und unversehrt. Aber die Teilnahme am Straßenverkehr funktioniert nicht
mit Einzelkämpfern. Viel besser kann man ihn mit einem Gesellschaftsspiel
vergleichen. Sei es Fußball, Monopoly, Schach, Mensch-ärgere-Dich-nicht
usw. Es ist notwendig die Regeln zu kennen, das Spielfeld und die Mitspieler
zu beobachten und das Spiel so gut wie möglich zu spielen. Nur wenn alle
unversehrt an ihrem Ziel ankommen, ist das Spiel auch gewonnen. Und ja,
natürlich spielt man ein Gesellschaftsspiel auch um zu gewinnen. Aber es
gibt niemals nur einen Gewinner. Im Fußball ist mal der eine Verein Meister
und im nächsten Jahr der andere Verein. Das eigentliche Ziel ist doch das
Spiel selbst. Man spielt, um zum Beispiel mit der Familie oder Freunden
etwas gemeinsam zu machen. Mal gewinnt der eine, mal gewinnt der andere.
Wenn man dabei eine schöne Zeit hatte und hinterher noch unverletzt und
am Leben ist, sind eigentlich alle Gewinner. Auch wenn man beim Spiel von
der gegnerischen Mannschaft oder dem gegnerischen Spieler spricht, handelt

es sich doch nicht um einen Gegner wie im Kampf und nicht um Leben oder Tod. Beim Fußball zum Beispiel haben wir einen Schiedsrichter, der auf die Einhaltung der Regeln achtet, im Straßenverkehr ist es die Polizei. Beide haben die Aufgabe darauf zu achten, dass die Regeln eingehalten werden und die Mitspieler möglichst unverletzt bleiben.

Einzelkämpfer oder Egoisten werden früher oder später kein Spiel gewinnen können. Nehmen wir wieder das Beispiel Fußball. Es wird kaum einem Spieler gelingen, alleine mit dem Ball über die gesamte Spielfläche zu kommen und dann auch noch ein Tor zu schießen. Erfolg hat nur die Mannschaft gemeinsam. Der einzelne Spieler muss nicht nur die Regeln kennen und einhalten, er muss auch das ganze Spielfeld im Blick haben. Und er muss die anderen und zwar alle Mitspieler beobachten. Er muss schauen, wo die einen angreifen, wo sich die anderen freilaufen oder sich für einen Pass anbieten. Nur wenn gut beobachtet und das Spiel gemeinsam gespielt wird, kann es zum Erfolg kommen, kann ein Mitspieler ein Tor schießen und die Mannschaft das Spiel gewinnen.

Im Straßenverkehr verhält es sich ähnlich. Nur wenn ich die Regeln kenne und einhalte, nur wenn ich die Straße mit den ganzen Verkehrszeichen und Einrichtungen im Blick behalte, nur wenn ich die Bewegungen der anderen Verkehrsteilnehmer beobachte, kann ich das Spiel gut mitspielen. Ziel im Straßenverkehr ist es, unversehrt einen anderen Ort zu erreichen. Und zwar wir alle! Wenn es in einem Spiel oder Sport regelmäßig Verletzte oder Getötete geben würde, würde man das Spiel verbieten. Das ist natürlich im Straßenverkehr nicht ganz so einfach. Zeigt doch aber die Unfallstatistik, dass hier regelmäßig Menschen verletzt und nicht wenige auch getötet werden.

Die einzige gemeinschaftliche Unternehmung, die mir einfällt, in der auch Verletzte und Getötete von vornherein in Kauf genommen werden, nennt man Krieg. Doch hat uns die geschichtliche Erfahrung gezeigt, dass aus Kriegen keine wirklichen Gewinner hervorgehen. Im Straßenverkehr hat man immer mehr das Gefühl, dass es zugeht wie bei einer kriegerischen Auseinandersetzung. Jeder gegen jeden, nur auf den eigenen Vorteil bedacht. Egoistisch und wie Einzelkämpfer versuchen viele, ihr Ziel ohne Rücksicht auf die anderen oder Einhaltung der Regeln zu erreichen. Das kann doch auf Dauer nicht gut gehen. Das müsste doch jeder einsehen!? Und den (Miss-)

Erfolg beweist doch die Statistik ebenso wie die spürbar steigende Aggression im Straßenverkehr.

Vor den oben genannten Hintergründen und der Tatsache, dass immer mehr Verkehrsteilnehmer das Spiel mitspielen, hat der Gesetzgeber als Schiedsrichter entschieden, dass es Verkehrsregeln zu beachten gilt, die Mitspieler eine Fahrausbildung durchlaufen müssen und bei Nichtbeachtung der Regeln Sanktionen ausgesprochen werden. Alle, die Kraftfahrzeuge führen wollen, müssen eine Ausbildung über die Regeln erhalten und durch eine Prüfung die Kenntnisse nachweisen. Auf diese Ausbildung gehe ich später noch genauer ein.

Und auch wenn ich mich wiederhole, weder die Eltern noch der Gesetzgeber entwerfen Regeln aus Langeweile oder um die Kinder bzw. die Verkehrsteilnehmer zu ärgern. Vielmehr werden diese Regeln zum Schutz von uns allen und für ein geregeltes Miteinander aufgestellt.

Das Lernen allgemein

Wir Menschen lernen als Kleinkinder durch das Vorbild anderer, meist der Eltern und oder der Familie. In der Schule vertrauen wir auf das, was uns die Lehrer beibringen. Irgendwann entwickeln wir unsere eigene Persönlichkeit und fangen an, richtig und falsch zu unterscheiden. Wenn wir Dinge für falsch halten, ist es für uns einfach, sie zu unterlassen. Wenn wir aber gelernt haben, Dinge für richtig zu halten, ist es sehr schwer, uns vom Gegenteil zu überzeugen. Ich bin mir sicher, dass Sie, so wie fast jeder andere Leser oder Verkehrsteilnehmer, davon überzeugt sind, dass zum Beispiel der eigene Fahrstil, oder die Art und Weise der Teilnahme am Straßenverkehr, schon sehr gut und auch richtig ist. Ich möchte das auch nicht infrage stellen, weil es an Ihrer Einschätzung nichts ändern würde. Auch ich habe meine jugendlichen Fehler im Straßenverkehr erst sehr spät eingesehen. Eigentlich erst, als ich schon Jahre mit der Ausbildung von Fahrschülern verbracht hatte. Schon in den Anfängen als Fahrlehrer haben Fahrschüler zum Beispiel gefragt: »Warum falle ich in der Prüfung durch, wenn ich über die geschlossene Fahrstreifenbegrenzung fahre? Das machen alle anderen doch auch.« Früher habe ich oft geantwortet: »Die haben aber ihre Prüfung schon bestanden.«

Das ist, zugegeben, natürlich eine blöde Antwort. Also habe ich angefangen mich mehr mit diesem Thema »Warum-Wieso-Weshalb« zu beschäftigen. Erst als ich anfing, mich mehr mit der Unfallstatistik zu befassen, habe ich ernsthaft begonnen, nach einer Antwort auf diese Fragen zu suchen. Fragen, die ich schon lange und oft gehört hatte.

Beispiel:

In einem Wohngebiet häufen sich Unfälle. Die Behörden erklären dieses Wohngebiet zu einer Zone 30. Hier gilt nun die maximale Höchstgeschwindigkeit unter den günstigsten Umständen von 30 km/h. Damit sage ich Ihnen noch nichts Neues. Hält man sich an die vorgeschriebene Höchstgeschwindigkeit, dann kann man ein Auto mit einer Gefahrbremsung innerhalb von 13,5 m zum Stillstand bringen. Bedeutet, dass wenn ein Kind drei Fahrzeuglängen vor uns auf die Straße läuft, wir noch rechtzeitig abbremsen können. Das lässt sich relativ einfach mit der Bremsformel berechnen:

Die Geschwindigkeit geteilt durch 10 mal 3 ist der Reaktionsweg (30 km/h : 10 = 3 x 3 = 9 m). Für den Bremsweg ist die Formel: Geschwindigkeit durch 10 mal sich selbst (30 km/h : 10 = 3 x 3 = 9 m). Der Anhalteweg ist nun die Summe aus Reaktionsweg plus Bremsweg.

Da man heute mit modernen Autos bei einer Gefahrbremsung doppelt so schnell bremsen kann als früher, ist der Bremsweg bei einer richtig ausgeführten Gefahrbremsung nur halb so lang.

In unserem Beispiel bleibt es also bei einem Reaktionsweg von 9 m und einem Bremsweg von (9 : 2 = 4,5) 4,5 m. Zusammen ergibt das einen Anhalteweg von 13,5 m. Ein unachtsames Kind hat also eine reale Chance, dies unbeschadet zu überstehen. Wenn nun aber die Straße in diesem Wohngebiet gut ausgebaut ist und zu schnellerem Fahren verleitet, oder der Verkehrsteilnehmer das Verkehrszeichen schlicht übersehen hat, sieht es ganz anders aus.

Bei »nur« 50 km/h (lediglich 20 mehr als erlaubt) benötigen wir bereits einen Reaktionsweg von 15 m. Bedeutet, wenn dieses unachtsame Kind 15 m vor uns auf die Straße läuft, werden wir es mit 50 km/h überfahren, da wir noch nicht einmal angefangen haben zu bremsen.

Also, bei 30 km/h steht der Wagen nach 13,5 m, bei 50 km/h reicht der Anhalteweg nicht mehr und das Kind wird überfahren!

Simulierte Unfälle haben in Crashtests vom DVR (Deutschen Verkehrssicherheitsrat) ergeben, dass erwachsene Fußgänger bei einem Unfall mit 30 km/h zwar schwere Verletzungen nach sich ziehen, aber eine relativ hohe Überlebenswahrscheinlichkeit besteht. Bei 60 km/h allerdings verläuft der Unfall fast immer tödlich. Bedingt durch die Größe der Kinder werden diese nicht wie Erwachsene im Knie- oder Oberschenkelbereich vom Auto getroffen, sondern vielmehr im Hüftbereich. Dadurch ergeben sich erheblich schwerere innere Verletzungen, wodurch die Überlebenschance ab 30 km/h auf unter 50 % sinkt. In unserem Beispiel mit 50 km/h ist die Überlebenswahrscheinlichkeit des Kindes fast 0 %.

Fakt ist, die Entscheidung, nur 20 km/h mehr als erlaubt zu fahren, schließt die Entscheidung zwischen Leben oder Tod mit ein.

Dieses relativ einfache Beispiel lassen wir in allen Aufbauseminaren durch die Teilnehmer bearbeiten und ausrechnen. Bei über 90 % der Teilnehmer führt das zu einem absoluten Aha-Erlebnis. Kaum ein Teilnehmer hätte gedacht, dass sich nur 20 km/h mehr so verheerend auswirken und im schlimmsten Fall sogar über Leben und Tod entscheiden können! Leider kann man diese Erkenntnis in einem Buch lange nicht so gut rüberbringen.

Auch wird uns Fahrlehrern oder anderen Fachleuten nicht so viel Glauben geschenkt, als dass es Einfluss auf den Fahrstil mancher Kraftfahrer nehmen würde. Oft muss erst etwas passieren, damit wir aus den Fehlern lernen. »Versuch und Irrtum« nennt man diese Art von Lernmethode und ist bei Kleinkindern normal, wenn sie zum Beispiel versuchen, Bauklötze übereinanderzustapeln. Ist ja auch nicht so schlimm, wenn das erst mal nicht funktioniert. Aber im Straßenverkehr sprechen wir mit und über erwachsene Menschen. Was muss man machen, um erwachsene Menschen die Gefahren im Straßenverkehr zu lehren? Was muss man machen, damit erwachsene Menschen den Fahrlehrern oder anderen Fachleuten Glauben schenken? Warum müssen Kinder sterben bevor Erwachsene glauben, dass ein Bremsweg bei 50 km/h nicht mehr ausreicht?

Jetzt wird sich jeder zweite von Ihnen sagen, dass wenn er mal zu schnell fährt, dann natürlich nur dann, wenn keine Kinder in der Nähe sind und oder er sich eben ganz sicher ist, dass nichts passieren kann. Ja genau, wir sind alle so davon überzeugt, dass wir alles richtig machen und nichts passieren kann. Normalerweise sollten unsere Kinder dann doch im Straßenverkehr, insbesondere in den 30er-Zonen sicher sein, oder?

Die Fakten sprechen eine eindeutige Sprache: 2012 sind in Deutschland täglich fast 70 Kinder im Straßenverkehr schwer verletzt worden. Alle fünf Tage verlor ein Kind unter 15 Jahren sein Leben. Ca. 50 % dieser Kinder waren zu Fuß oder mit dem Rad unterwegs.

Alles wieder nackte Zahlen. Aber vielleicht kennen Sie sechs Kinder im Alter bis 15 Jahre. Haben Sie jetzt vielleicht sechs Gesichter vor Augen? Fallen Ihnen jetzt vielleicht sechs Namen dieser Kinder ein? Jeden Monat werden ungefähr sechs Kinder in Deutschland im Straßenverkehr getötet. (Nachdenken, sacken lassen.)

Eine durchschnittliche Schulklasse ist mit 25 Schülern besetzt. 2012 wurden die Kinder von drei Schulklassen im Straßenverkehr getötet.

Jetzt gibt es auch Bereiche in der Zone 30, welche gut ausgebaut sind und zum schnelleren Fahren verleiten. Manche fahren sogar bewusst schneller, eben weil ja gut ausgebaut ist. Ich bin mir sicher, dass wenn man über oben genanntes Beispiel nachdenkt und sich bewusst macht, dass man mit der Wahl seiner Geschwindigkeit im ungünstigen Fall indirekt über Leben und Tod entscheidet, würden sich viel mehr Menschen an die vorgeschriebene Geschwindigkeit halten. Dies haben mir in den Aufbauseminaren ca. 90 % der Teilnehmer bestätigt und sich insbesondere für das Verdeutlichen des Problems an diesem Beispiel bedankt.

Fakt ist, dass wir Menschen aber mehr aus Erfahrung, also selbst Erlebtem, lernen oder einsehen als durch sachliche Informationen, die uns andere lehren wollen. Bei diesem Thema hat mir das Buch »Siddhartha« von Hermann Hesse sehr geholfen. Siddhartha hatte durch verschiedene Reisen sehr viele Lebenserfahrungen sammeln können. Auch negative, vor denen er seinen Sohn schützen wollte. Er wollte seine Erkenntnis weitergeben, musste aber einlenken und seinen Sohn ziehen lassen, damit dieser seine eigenen Erfahrungen sammeln konnte.

Im Straßenverkehr bedeutet dies, dass wir Fahrlehrer zwar auf die Gefahren aufmerksam machen können, aber ein Fahranfänger oder aber auch ein erfahrener Kraftfahrer anderen erst dann glaubt, wenn er seine eigenen Erfahrungen machen konnte.

Vor diesem Hintergrund möchte ich Sie in meinem Buch auch ganz bewusst nicht auf Ihre – eventuellen – Fehler im Straßenverkehr aufmerksam machen, das würde ganz menschlich nur zur Abwehrhaltung führen. Ich möchte vielmehr Tipps geben, wie Sie auf ganz einfache und auch sichere Art und Weise Ihre eigenen Erfahrungen machen können. Zu oben genanntem Beispiel könnte man unter anderem das vom ADAC angebotene Fahrsicherheitstraining besuchen und auf einem abgesperrten Gelände am eigenen Leib den Zusammenhang zwischen Geschwindigkeit, Reaktionsweg, Bremsweg und Anhalteweg erfahren. Das ist im Übrigen nicht nur sehr lehrreich, sondern macht auch einen riesigen Spaß. Wir geben so viel Geld für Vergnügen wie Jahrmarkt und Karussell fahren, Ausflüge und Spazierfahrten, Kracher und Raketen zu Silvester usw. aus. Warum nicht mal für ein Fahrsicherheitstraining ein bisschen Zeit und Geld investieren? Neben dem vergnüglichen Aspekt kann man sich selbst, sein Auto und auch die damit zusammenhängenden physikalischen Grenzen besser kennenlernen. Positive Begleiterscheinung ist, dass man seine eigene Sicherheit und die Sicherheit von anderen im Straßenverkehr erhöht.

Wenn ich Sie, liebe Leserin, lieber Leser, jetzt mit diesem Absatz ein wenig verwirrt habe, möchte ich es wie folgt auf den Punkt bringen: Jeder muss mit sich selbst klären, wie er mit der Information umgeht, dass in unserem Straßenverkehr in Deutschland jeden Tag zehn Menschen sterben. Jeder muss sich selbst fragen, ob er als Teilnehmer im Straßenverkehr positiv Einfluss auf die Sicherheit im Straßenverkehr nehmen kann oder will. Auch ich habe mir diese Fragen gestellt und entschieden, dass ich mich so konsequent wie möglich an die Straßenverkehrsordnung halte. Es geht besser und einfacher, als vorher gedacht.

Die Emotionen

Wir Menschen reagieren oft ganz unbewusst aufgrund einer Emotion, eines Gefühls. Auf manche Gefühle reagieren wir fast alle gleich, auf manche wiederum reagieren wir auch sehr unterschiedlich. Wenn wir Hunger verspüren, werden die meisten etwas essen, wenn wir Müdigkeit fühlen, schlafen gehen usw.

Wenn nun aber beim Autofahren ein anderer sehr dicht hinter uns auffährt, entstehen schon mal verschiedene Gefühle und dadurch reagieren wir auch unterschiedlich. Der eine empfindet es einfach sachlich als eine Tatsache und sagt sich: »Ok, der Ärmste hat es wohl eilig«, und macht an geeigneter Stelle Platz. Ein anderer fühlt sich persönlich bedrängt und fährt schneller. Der nächste fühlt sich herausgefordert und fährt provokativ noch langsamer. Der Hintermann allerdings hat sich nichts dabei gedacht. Er ist einfach nur mit einem nach seiner Einschätzung ausreichenden Abstand hinterhergefahren. Ein und dieselbe Ausgangssituation kann sich nun je nach empfundener Emotion des Einzelnen ganz unterschiedlich entwickeln. Auch sind unsere Emotionen, auf die wir oft nicht einmal Einfluss haben, ganz unterschiedlich. Das dichte Auffahren kann während der Fahrt in den Urlaub ganz andere Gefühle auslösen als während der Fahrt nach einem sehr unangenehmen Gespräch mit dem Arbeitgeber.

Auf der Fahrt in den Urlaub sind wir gedanklich eher in der Sonne oder am Pool. Wir haben unsere Lieben bei uns und stehen in der Regel unter keinem Zeitdruck. Dadurch sind wir auf der Fahrt in den Urlaub eher nicht auf Krawall gebürstet.

Auf der Fahrt nach einem unangenehmen Gespräch mit dem Arbeitgeber hingegen könnten ganz andere, eher negative Gedanken und Emotionen aufkommen. In solchen Situationen fangen wir Menschen an, Erlebnisse, welche Einfluss auf unsere Emotionen haben, auf andere zu projizieren. Soll heißen, wenn wir nun gerade sauer auf den Chef sind und hinter uns einer etwas dichter auffährt, sind wir sofort auch auf diesen anderen Verkehrsteilnehmer sauer. Er ist für uns so eine Art Ventil zum Druck ablassen. Und je größer der Druck durch Emotionen, Zeitdruck oder auch schlechte Erfahrungen mit Dränglern ist, umso heftiger ist das Ablassen bei der nächsten Gelegenheit.

Und auch das ist menschlich. Den Aufbau von Druck oder Emotionen können wir eher vermeiden oder kontrollieren. Beim Druck ablassen wird es schwieriger. Oft sind es abends die Partner, Kinder oder Eltern, allerdings passiert es auch mitten im Straßenverkehr, dass wir uns mal so richtig Luft machen.

Hier helfen ganz simple Dinge. Eine CD mit ruhiger Musik, tief durchatmen, bis zehn zählen usw. Was auch helfen kann, sind Tierlaute. Bei einem Ärgernis im Straßenverkehr müssen Sie einfach mal laut bellen, miauen etc. Ich habe mich beim ersten Mal ein wenig selbst belächelt, aber es hat geholfen. Wichtig ist nicht womit, sondern vielmehr dass ich mich mit einfachen Mitteln von der Situation ablenke oder aus ihr heraushole.

Der Zeitdruck

Damit sind wir nach meinem Dafürhalten bei unserem größten Problem, nicht nur im Straßenverkehr. Burn-out! Eine moderne Folge von Druck, auch Zeitdruck. Beruflich fehlt die Zeit, gestellte Aufgaben zu erfüllen. Privat fehlt die Zeit für die Familie oder Hobbys. Es fehlt die Zeit für Erholung. Ständig setzen wir uns selbst oder lassen uns von anderen unter Zeitdruck setzen. Fakt ist, jedem von uns stehen 24 Stunden pro Tag zur Verfügung. Nicht mehr und auch nicht weniger. Es liegt einzig an uns selbst, wie wir diese Zeit planen oder was wir aus dieser Zeit machen. Es gab mal eine Phase, da war es modern, dass ein Chef, Vorgesetzter oder insbesondere Manager Stress haben musste. Sonst waren sie nicht wirklich wichtig. Nur ein gestresster Mensch arbeitete gut und war wichtig.

Seit aber bekannt ist, dass Stress oft nur die Folge von einem schlechten Zeitmanagement ist, ist es eher out zuzugeben, dass man Stress hat. Nicht falsch verstehen, Burn-out ist jetzt nicht der moderne Ausdruck von Stress. Burn-out ist eine sehr ernst zu nehmende Krankheit. Auch eine Art Druck, aber nicht nur Zeitdruck, sondern von viel mehr und umfangreicheren Faktoren abhängig oder ausgelöst. Burn-out kann nicht durch das Optimieren des Zeitmanagements geheilt werden, vielmehr sollte kompetente, fachliche Hilfe in Anspruch genommen werden.

Als ich vor vielen Jahren nach München zog, ist mir sofort die aggressive Formel-1-Mentalität (wie ich sie immer nenne) im Straßenverkehr aufgefallen. Mittlerweile bin ich mir sicher, dass 90 % der Teilnehmer im Straßenverkehr unter Zeitdruck und gestresst unterwegs sind. Diese fehlende Zeit gilt es jetzt im Straßenverkehr wieder aufzuholen. Da das nicht funktioniert, baut sich der Stress oder Zeitdruck auch nicht ab. Im Gegenteil, wir merken, dass wir es trotz schneller Fahrt nicht schaffen pünktlich zu sein, wodurch sich der verspürte Druck weiter erhöht.

Absolut merkwürdig, dass wir trotz dieser Erfahrung im Straßenverkehr nichts oder nur sehr wenig dazulernen. Oder liegt es daran, dass uns im Straßenverkehr sogar die Zeit fehlt, diese Tatsache und Zusammenhänge zu erkennen? Oder es hat einfach nur noch keiner darüber geschrieben.

Mein täglicher Weg zur Arbeit ist ziemlich genau 25 km lang. Ca. 3 km Landstraße, 18 km Autobahn und knapp 4 km durch die Stadt. Für diese 25 km benötige ich bei normaler Fahrweise zwischen 24 und 26 Minuten. Nach 22 Uhr ist die Autobahngeschwindigkeit wegen Lärmschutz auf 80 km/h beschränkt. Also benötige ich nach 22 Uhr in der Regel eher die 26 Minuten. Tagsüber habe ich die Strecke auch schon in 21 Minuten geschafft. Allerdings mit dem Motorrad – natürlich regelkonform – aber auf der Autobahn auch mit weit über 200 km/h. Die Bestzeit mit dem Auto liegt bei 22 Minuten. Auf eine Strecke von 25 km mit Autobahn und Geschwindigkeit von über 200 km/h kann ich also 2 bis 3 Minuten mehr oder weniger benötigen. Wofür aber soll ich das erhöhte Risiko, den erhöhten Verbrauch und Verschleiß in Kauf nehmen? Für 2 bis 3 Minuten?? Seit es die Verbrauchsanzeigen in Kraftfahrzeugen gibt, finde ich es viel spannender und auch entspannter, diesen so niedrig wie möglich zu halten. Bis 120 km/h auf der Autobahn komme ich für diese 25 km auf unter 5 Liter pro 100 km. Wenn ich über 130 km/h fahre geht der Verbrauch auf fast 7 Liter hoch. Der Unterschied sind also nicht nur die zwei bis drei Minuten, vielmehr spare ich dadurch ca. 600 Euro pro Jahr an unnötigen Kraftstoffkosten. Und weil jeder unnötiger Liter Kraftstoff den wir mehr verbrauchen eben auch als Abgase unnötig in die Umwelt geblasen wird, bedeutet Kraftstoff sparen auch Umweltschutz.

Genau das zaubert mir ein Lächeln ins Gesicht. Der Faktor Zeitdruck fährt schon lange nicht mehr bei mir im Auto mit. Mit diesem Beispiel möchte ich Sie motivieren, folgenden Versuch zu starten.

Je nach Länge des Arbeitswegs, fahren Sie mal eine Woche lang ganz bewusst 10 oder mindestens 5 Minuten früher los. Ganz bewusst heißt, dass schon der Wecker früher gestellt wird, damit diese Zeit nicht bei der Morgenhygiene oder beim Frühstück fehlt. Wer öffentlich fährt, nimmt einfach mal einen Bus oder eine Bahn früher. Da Sie jetzt ohne Zeitdruck sind, versuchen Sie mal, sich an die Verkehrsregeln zu halten. In der Ortschaft wirklich nicht schneller als 50 km/h, an der Ampel, auch wenn sie schon gelb zeigt, anhalten wenn das gefahrlos möglich ist usw. Aber Achtung, das ist nicht so einfach. Das gelingt den wenigsten und funktioniert auch nicht gleich am ersten Tag. Versuchen Sie es weiter und notieren Sie sich nach Ihrer Ankunft zwei Dinge: Erstens die benötigte Zeit und zweitens, wie es sich anfühlt. Entspannen Sie dabei und genießen Sie es, mal ohne Zeitdruck unterwegs zu sein. Und ja, auch mir gelang die vorschriftsmäßige Fahrweise nicht auf Anhieb. Es ist für uns Menschen sehr schwer, alte Gewohnheiten abzulegen oder zu ändern. Selbst wenn es darum geht, sich regelkonform zu verhalten und einfach nur geltendes Recht nicht zu missachten. Es ist tatsächlich viel leichter, mit dem Strom zu schwimmen, auch wenn dieser eigentlich zu schnell ist. Es gehört schon viel Charakter dazu, mal nein zu sagen und auch wenn man gefühlt der Einzige ist, der sich an die Geschwindigkeitsbegrenzung hält. Aber Sie haben ja Zeit. Sie sind ja 5 oder 10 Minuten früher losgefahren. Lassen Sie die anderen ruhig denken, was sie denken. Lächeln Sie einfach, seien Sie mal Vorbild und zeigen den anderen, dass Sie es können.

Wenn Ihre Fahrt zur Arbeit überwiegend über die Landstraße geht, habe ich ein interessantes Rechenbeispiel für Sie: Gehen wir davon aus, dass Sie mal 5 Minuten zu spät loskommen und auf der Strecke auch noch mehrere Lkw vor sich haben. Wenn Sie nun nach der gebotenen Sorgfalt und Absichern mit Beschleunigen, erhöhtem Risiko und Kraftstoffaufwand den ersten Lkw überholt haben, sind Sie in der weiterhin bestehenden Fahrzeugschlange ca. 25 m weiter vorn. Also, auf geht's, der Nächste bitte. Mit zwei überholten Pkw gewinnen Sie bestimmt weitere 30 m. Nun erinnern wir uns an die Faustformel für den Reaktionsweg. Bei 100 km / h fahren wir in 1 Sekunde 30 m. Also haben Sie mit zwei überholten Pkw gerade 1 Sekunde Zeit gewonnen. Glückwunsch, aber jetzt nicht ausruhen – um die 5 Minuten aufzuholen, müssen Sie insgesamt ca. 300 Lkw oder 600 Pkw überholen. Das müssen Sie sich einfach mal »bildlich« vorstellen.

Und ja, es gibt natürlich noch mehr Faktoren, die Einfluss auf diese Rechnung nehmen. Fakt ist aber, auf der Landstraße gewinne ich durch das Überholen von fast gleich schnellen anderen wirklich nur wenige Sekunden. Und wenn ich die Wahl habe, 5 Minuten früher loszufahren oder 300 Überholvorgängen zu machen, dann fällt mir die Entscheidung nicht schwer. Zeitgewinn durch Geschwindigkeit funktioniert, wenn überhaupt, nur auf einer eher freien Autobahn. Wobei auch hier Untersuchungen ergeben haben, dass der Break-even bei ca. 140 km / h liegt. Alles darüber kostet erheblich mehr Kraftstoff, bringt aber nicht entsprechend mehr Zeitgewinn.

Auch aus diesen Überlegungen ist die Richtgeschwindigkeit von 130 km / h durchaus plausibel.

Wenn Ihre Wege aber mehr durch die Ortschaften oder Städte gehen, habe ich auch für diesen Fall einige Tipps. In einer Auto-TV-Sendung wurden mal zwei Fahrer auf die gleich Strecke von ca. 8 km durch die Stadt geschickt. Der eine auf Bestzeit aus, der andere sollte entspannt und regelkonform fahren. Der erste kam nach 9 Minuten an, müsste aber, wenn die Polizei ihn erwischt hätte, seinen Führerschein abgeben. Der zweite kam ganz relaxt und entspannt an – 90 Sekunden später! 1,5 Minuten auf einer Strecke von 8 km durch die Stadt. Worüber reden wir hier eigentlich? Das große Problem mit uns ist eigentlich nur, dass wir die Dinge nicht so einfach glauben können. Auch ich bin schon mal mit Stoppuhr ganz relaxt 8 km durch die Stadt gefahren. Ohne Zone 30 schafft man das in 10 Minuten, wenn nicht gerade Feierabendverkehr herrscht. Aber auch der könnte viel flüssiger laufen, wenn nicht immer wieder die gleichen Fehler gemacht würden.

Für das nächste Beispiel stellen Sie sich vor, es ist Wochenende und Sie sind in einem großen Supermarkt. Der Laden ist gerammelt voll. Sie schlagen sich durch das Gedrängel und erkämpfen sich Ihre Waren. Ihr Einkaufswagen ist bis Oberkante gefüllt und Sie machen sich auf den Weg zur Kasse. Gut, dass diese Supermärkte ausreichend viele Kassen haben. Erfahrungsgemäß sind von sechs Kassen maximal vier geöffnet. Die Kassierer geben alles. Trotzdem steht hinter jeder Kasse eine Schlange von ca. 15 Kunden. Alle haben nur ein Ziel: möglichst schnell bezahlen und raus aus dem Laden. Jetzt stehen Sie schon gefühlte 10 Minuten an, es sind immer noch zehn Kunden vor Ihnen. Ein Kunde, der es an diesem Tag anscheinend sehr eilig hat, drängelt sich mit seinem Wagen an der wartenden Schlange und auch an Ihnen vorbei. Vorne an der Kasse drängelt dieser Kunde sich dann wieder in die wartende Schlange zurück. Schon sind wieder elf Kunden vor Ihnen. Nach weiteren 10 Minuten, es sind jetzt nur noch sechs Kunden vor Ihnen, drängelt sich ein weiterer Kunde an der wartenden Schlange und Ihnen vorbei und es sind wieder sieben Kunden vor Ihnen.

Unvorstellbar? Ja natürlich, weil der drängelnde Kunde die Sanktionen der anderen wartenden Kunden sofort zu spüren bekommen würde.

Im Straßenverkehr ist dies die tägliche Praxis. Egoistisch und ohne Rücksicht auf die anderen, nur auf den eigenen Vorteil bedacht, wird jede Möglichkeit oder die kleinste Lücke genutzt, um selbst wenige Sekunden zu gewinnen.

Auf meinem Weg zur Arbeit beobachte ich jeden Morgen das gleiche »Spiel« auf einer Straße mit zwei Fahrstreifen. Der eine ist als »Geradeaus-Fahrstreifen«, der andere zum »rechts abbiegen« mit Richtungspfeile deutlich gekennzeichnet. Ungefähr 60 % der Kraftfahrzeuge wollen nach rechts abbiegen, die übrigen 40 % geradeaus weiterfahren. Dadurch entsteht in der rechten Spur ein etwas längerer Rückstau. Selbst wenn dort noch vorschriftsmäßig mit 50 km / h gefahren wird, überholen immer wieder Rechtsabbieger auf der linken »Geradeaus-Spur« mit wesentlich mehr als der zulässigen Höchstgeschwindigkeit, um sich dann viel weiter vorne in die Reihe der wartenden Rechtsabbieger zu drängeln. Ein Verhalten, das kaum einer im Supermarkt wagen würde. Und es sind keine Einzelfälle. Nun lernen wir jeden Morgen, dass, wenn man effektiv drängeln kann, man etwas früher über die nächste Kreuzung kommt.

Ich habe sie noch nicht gezählt, aber gefühlt werden es immer mehr Drängler. Dies merken auch viele andere und fahren bewusst mit geringem Abstand zum Vordermann. Den Dränglern erschwert das die Suche nach einer geeigneten Lücke zum Reindrängeln. Die Aggressivität in diesen Situationen steigt. Es wird noch mehr gedrängelt und die Gefahr von Fehlern und Unfällen steigt. Auch von diesen und ähnlichen Beispielen könnte ich stundenlang schreiben. Die Ausgangslage ist fast immer die gleiche. Ein Drängler sucht auf Kosten anderer den eigenen Vorteil, ohne Rücksicht auf mögliche Gefahren und Risiken. In der Folge kommt es dazu, dass genau die Verkehrsteilnehmer, welche pünktlich losfahren und sich rechtzeitig einordnen, länger warten müssen, einen Mehrverbrauch bezahlen und dabei auch noch die Umwelt stärker belastet wird.

Wenn es dann in diesen Situationen zu einem Rempler kommt – und auch das habe ich schon mehrfach erlebt beziehungsweise gesehen –, blockieren die Beteiligten auch noch den einen von zwei sowieso schon überlasteten Fahrstreifen. Wie im Supermarkt, wenn plötzlich von den wenigen Kassen auch noch eine geschlossen wird und die übrigen Kassen den zusätzlichen Ansturm aufnehmen müssen.

Im Straßenverkehr baut sich innerhalb kürzester Zeit ein zusätzlicher unnötiger Stau auf, von dem dann sehr schnell Hunderte andere betroffen und bestimmt nicht begeistert sind. Verursacht von einem Drängler, welcher jetzt schnell bis zur Klärung der Umstände 1 oder 1,5 Stunden verliert. Und das alles nur, weil er unter Zeitdruck versucht hat, egoistisch und für einen kleinen eigenen Vorteil wenige Sekunden durch drängeln zu gewinnen. Und wenn Sie mir jetzt immer noch nicht glauben oder meinen, ich führe hier Einzelfälle auf, dann hören Sie einfach mal morgens aufmerksam Radio, insbesondere die Verkehrsnachrichten. In ihnen hören dann bis zu 50 % von zähfließendem Berufs- oder Urlaubsreiseverkehr sowie notwendigen Baustellen. Aber über 50 % der Mitteilungen sind dann Staus aufgrund von Unfällen. Neben der Angabe der Länge wird neuerdings sogar mit angegeben, wie viel Zeit der Einzelne dadurch zusätzlich benötigt. Schnell hört man von 2 km mit 10 bis 15 Minuten, welche nun zusätzlich von Hunderten von Fahrzeugen benötigt werden. Wenn Sie nun glauben, ich übertreibe mit »Hunderten« maßlos, lassen Sie uns kurz überschlagen.

Ein Kraftfahrzeug ist im Schnitt ca. 5 m lang. Wenn nicht gerade im Stau gestanden wird, dann hält man bei langsamer Fahrt ungefähr 5 m Sicherheitsabstand. Also wird für ein Fahrzeug 10 m Platz benötigt. 1 km Stau auf zwei Fahrstreifen sind 2000 m mit 200 Fahrzeugen.

Nur 10 Minuten mehr bedeuten für den einzelnen 600 Sekunden. Auf 2 km sind aber 200 Betroffene, macht 120.000 Sekunden oder in der Summe 33,3 Stunden. Für die Wirtschaft bedeutet dies 33,3 Stunden weniger Produktivität. Für die Umwelt bedeutet dies das gleiche, als würde ein Auto mit laufendem Motor 33,3 Stunden auf dem Parkplatz vor der Tür stehen. Es bedankt sich zwar die Mineralölgesellschaft, aber nicht die Umwelt. Und das alles nur, weil ein Einziger zu faul, gedankenlos oder nicht gewillt ist, pünktlich loszufahren. Und da er die oben genannten Hintergründe nicht kennt oder begreifen kann, den Zeitverlust im Straßenverkehr herauszufahren versucht. Dies durch überhöhte Geschwindigkeit, zusätzliche Fahrstreifenwechsel oder Lückenspringen. Durch dichtes Auffahren oder drängeln und in der Summe der Fehler einen Unfall verursacht.

Wo diese Problematik auch ganz deutlich wird, sind Fahrbahnen mit mehreren Fahrstreifen. Der Verkehr läuft eher zähflüssig. In jedem Fahrstreifen schieben sich Hunderte von Autos in eine Richtung – Stop and Go. Je nachdem wie aufmerksam die Fahrer unterwegs sind, geht es mal auf dem einen, mal auf dem anderen Fahrstreifen geringfügig schneller oder auch langsamer. Jetzt geht das »Lückenspringen« von einigen, die es besonders eilig haben, los. Manche wechseln nach rechts, andere nach links. Dass dadurch auch nicht weniger Autos unterwegs sind, haben diese »Springer« nicht begriffen. Durch die zusätzlichen und unnötigen Fahrstreifenwechsel beim Lückenspringen erhöht sich einzig wieder die Aggression und Gefahr eines Unfalls. Und alles wieder nur deswegen, weil ein paar Egoisten versuchen, hier unter Zeitdruck wenige Sekunden zu gewinnen.

Ein ganz merkwürdiges Phänomen ist auch, dass viele sich bei zähfließendem Verkehr überwiegend in die linke Spur einordnen. Das sieht man oft auf Autobahnen sehr deutlich, lässt sich aber auch wieder ganz einfach erklären.
    Da das Überholen grundsätzlich nur links erlaubt ist, geht unser Unterbewusstsein vermutlich davon aus, dass der Verkehr links schneller fließt. Real ist dies sehr häufig ein Trugschluss. Da aber die Masse unter Zeitdruck unterwegs ist, wechseln definitiv mehr Kraftfahrer nach links als nach rechts. Und wieder ja, mal läuft es in der einen, mal in der anderen Spur schneller.
    Auch wieder dasselbe Phänomen wie im Supermarkt: Sie stellen sich an der Kasse an, an der es vermeintlich am schnellsten geht. Und wenn man die anderen Kassen und wartenden Kunden beobachtet, geht es auch mal an der einen und mal an der anderen Kasse schneller. Hier wechseln oder springen Sie doch auch nicht in den einzelnen Schlagen hin und her, oder?
    Im Straßenverkehr sind wir in der rechten Spur zumindest sehr häufig nicht langsamer oder länger unterwegs. Diese Erkenntnis bleibt aber jedem verborgen, der es nicht ausprobiert hat. Aufgrund meiner Überlegungen und Erfahrungen entscheide ich mich bei zähfließendem Verkehr mittlerweile überwiegend für den rechten Fahrstreifen. Und wie im Supermarkt bleibe ich auch in dieser Schlange. Gefühlt, ohne wissenschaftliche Untersuchung, bin ich damit zu 70 % gut und nur zu 30 % länger unterwegs gewesen. Auf jeden Fall und zu 100 % bin ich ohne die unnötigen Fahrstreifenwechsel und zusätzlichen Risiken wie Absichern und Lückenspringen viel entspannter unterwegs. Auch dies gelingt mir persönlich erst, seit ich so pünktlich

losfahre, dass kein Zeitdruck Einfluss auf meinen Fahrstil nimmt. Selbst wenn ich weiß, dass ich durch unvorhersehbare Einflüsse mein Ziel zu spät erreiche, macht es für mich keinen Unterschied, ob ich 3 oder 6 Minuten zu spät bin. Zu spät ist zu spät. Durch erhöhtes Risiko und eventuelle Gefährdung von anderen nur 3 Minuten zu spät zu sein, steht für mich in keinem vertretbaren Verhältnis.

Verlorene Zeit kann keiner aufholen. Die Frage ist doch nur, wie gehe ich damit um? Beispiel:

Auf dem Weg zu einem Termin oder einer Verabredung stelle ich fest, dass ich es nicht pünktlich schaffen werde. Es fehlen mir 10 Minuten. Nun bieten sich für das Problem zwei Lösungen.

Erste Lösung: Ich missachte sämtliche Verkehrsregeln, gehe das Risiko einer Bestrafung oder sogar eines Unfalls ein und komme nur 8 Minuten zu spät.

Zweite Lösung: Ich informiere meine Verabredung telefonisch, diese kann sich darauf einstellen und ich fahre weiterhin vorschriftsmäßig und ohne Zeitdruck, ohne rechtliche Folgen befürchten zu müssen.

Für eine Verspätung finden mehr Menschen Verständnis als für eine egoistische, aggressive und riskante Fahrweise unter Gefährdung anderer Menschen im Straßenverkehr.

Und wieder:

»In der Ruhe liegt die Kraft und in der Beobachtung die Sicherheit.«

Oder:

»Nur Verrückte haben es eilig.«

»Schnell passieren schnell Fehler.«

Die Politiker und Entscheider von Verkehrseinrichtungen

Jetzt wird es richtig interessant:

Ein nach meinem Dafürhalten nicht zu unterschätzendes Problem sind nicht nur die Verkehrsteilnehmer selbst, sondern vielmehr auch Politiker, Planer und Entscheider, welche die Straßen und deren Verkehrseinrichtungen entwerfen und bauen lassen. Verkehrsregeln und Einrichtungen, die manchmal selbst für Fahrlehrer unverständlich sind. Unumstritten ist dies ein außerordentlich komplexes Thema. Dies habe ich bereits bei meinen Recherchen festgestellt.

Grundsätzlich soll bei den Regeln und Verkehrseinrichtungen unter anderem die Sicherheit, aber auch der Verkehrsfluss gefördert werden, um Gedrängel, Stress oder Staus zu vermeiden. Es sollte so gebaut oder eingerichtet werden, dass auch Fahranfänger oder Ortsunkundige sich an allen Stellen im Straßenverkehr zurechtfinden. Dies gelingt den Behörden an den meisten Stellen außerordentlich gut. Lob und Anerkennung dafür. Es gibt aber auch Stellen im Straßenverkehr, da hab ich das Gefühl, hier war ein Praktikant am Werk. Viele Probleme im Straßenverkehr entstehen dadurch, dass die Verkehrssituationen nicht eindeutig und oft viel zu kompliziert oder praxisfremd geregelt sind.

Kennen Sie das auch, dass Sie unterwegs sind und sich fragen, wie ist denn hier die Verkehrsführung gemeint? Oder wie schnell darf ich denn hier nun eigentlich fahren, oder wie viele Fahrstreifen sind das hier eigentlich, oder wo soll ich mich hier eigentlich einordnen, oder, oder, oder? Es gibt tatsächlich Kreuzungen und Verkehrsführungen, wo selbst wir Fahrlehrer uns nicht einig sind und auch intensive Diskussionen nicht zu einem einheitlichen Ergebnis führen.

Ich habe in solchen Fällen schon oft die zuständigen Behörden um Rat gebeten. Ich habe dann nachgefragt, um die Gründe dafür zu verstehen. Schließlich kann ein Fahrlehrer seinen Fahrschülern Verkehrssituationen nur dann verständlich erläutern und sie richtig ausbilden, wenn er sie selbst verstanden hat.

Ein Beispiel an einer Ampelkreuzung in unserer Nähe: Bei Grün müssen die Rechtsabbieger zunächst die Fußgänger und Radfahrer rechts durchlassen. Wenn für diese dann die Ampel auf Rot schaltet und die Rechtsabbieger fahren könnten, bekommen explizit nur diese Rechtsabbieger aber das Rotlicht mit rotem Pfeil nach rechts zu sehen und dürfen nicht mehr abbiegen. Dadurch ist der Verkehrsfluss behindert. Es kommen zeitweise nur zwei, maximal drei Fahrzeuge nach rechts über die Kreuzung. Auf meine Nachfragen hin wurde ganz plausibel erklärt, dass man bewusst mit dieser Verkehrsführung verhindern will, dass eine beliebte Abkürzung durch ein anschließendes Wohngebiet genutzt wird. Vor der Erklärung war diese Ampelschaltung für mich nicht nur unverständlich, sondern vielmehr sogar Blödsinn. Heute, nach der Erklärung kann ich den Fahrschülern die Ampelschaltung plausibel und verständlich erläutern. Aber eben nur unseren Fahrschülern. Unverständnis führt aber oft auch zu Uneinsichtigkeit, führt auch zur Missachtung, fördert Stress und Aggressionspotenzial. Dies gilt es doch zu vermeiden. An der oben genannten Kreuzung kann man täglich beobachten, wie Kraftfahrer auch bei Rotlicht nach rechts abbiegen. Ich habe mit Videoaufnahmen innerhalb von nur 20 Minuten drei Rotlichtverstöße gefilmt.

So habe ich schon häufig auf Nachfragen auch plausible Antworten erhalten, die mir das Ausbilden von Fahrschülern erleichtert. Wir Menschen lernen im Übrigen leichter durch Einsicht als durch die Worte: Das ist halt so, fertig.

Nicht alle Behörden oder Ämter können oder wollen ihre Entscheidungen plausibel erklären. Viele beantworten meine Anfragen einfach nicht, andere argumentieren mit fadenscheinigen Ausreden oder am Thema vorbei.

Aufgrund von manchen Antworten der Behörden habe ich das Gefühl bekommen, dass es sich auch hier wieder um das eigentliche Problem der gesellschaftlichen Entwicklung handelt. Es geht bei einigen Projekten nicht mehr um die Sache selbst. Auch bei vielen Politikern, Planern und Entscheidern ist sich jeder selbst der nächste. Also werden auch mal Entscheidungen getroffen, egal ob sinnvoll oder nicht.

Ein Beispiel zu den Verantwortlichen bei den Behörden (Fachleute?)
Die Straßenverkehrsordnung (StVO) enthält die Spielregeln für die Ver-

kehrsteilnehmer. In »nur« 53 Paragraphen steht genau, wie man sich verhalten darf oder muss. Das Thema Geschwindigkeit ist in § 3 geregelt, Überholen in § 5 und so weiter. Zusätzlich werden in 4 Anlagen und einem Anhang noch Besonderheiten geregelt.

In der 2. Anlage (zu § 41 Absatz 1, lfd. Nr. 55) der Vorschriftzeichen, steht Folgendes geschrieben:

Erläuterung: Das Ende eines Streckenverbots ist nicht gekennzeichnet, wenn das Verbot nur für eine kurze Strecke gilt und auf einem Zusatzzeichen die Länge des Streckenverbots angegeben ist. Es ist auch nicht gekennzeichnet, wenn das Streckenverbotszeichen zusammen mit einem Gefahrzeichen angebracht ist und sich aus der Örtlichkeit zweifelsfrei ergibt, von wo an die angezeigte Gefahr nicht mehr besteht. Sonst ist es gekennzeichnet durch die Zeichen 278 bis 282.

Damit sind eigentlich genau drei Situationen klar definiert, in denen ein Streckenverbot, also zum Beispiel Geschwindigkeit oder Überholverbot, wieder aufgehoben ist. In der Praxis ist das an einem Autobahnkreuz südlich von München nicht so klar geregelt. Ich schreibe also an die zuständige Stelle, erhalte folgende Antwort.

Zitat: »Ein Streckenverbot endet dort, wo eine Strecke endet.« Zitatende. Ich hake nach, wo genau die Strecke denn dort endet und erhalte die Antwort: »Dort, wo die Blocklinie überfahren wird.« Da in der gesamten StVO mit keinem Wort eine Blocklinie erwähnt wird, frage ich noch einmal von Fachmann zu Fachmann nach und erhalte die Antwort: »Dort, wo eine untergeordnete Fahrbahn in eine durchgehende Fahrbahn mündet.«

Wie, frage ich Sie jetzt, soll ich hier den Fahranfänger gut ausbilden, wenn nicht nur ich, sondern vielmehr anscheinend die verantwortlichen Entscheider die Situation nicht einmal plausibel erklären können? Wie sollen sich an genau dieser Stelle dann Fahranfänger richtig verhalten? Wie kann man dort von Ortsunkundigen oder sogar ausländische Kraftfahrer das richtige Verhalten erwarten?

Ich frage also noch einmal nach. Jetzt kommt's! An einer ähnlichen unklaren Autobahnauffahrt in Herne wurde ein Kraftfahrer mit überhöhter Geschwindigkeit geblitzt. Mit seinem Anwalt hat dieser Kraftfahrer Einspruch eingelegt und damit argumentiert, dass an dieser Stelle das Ende der Geschwindigkeitsbegrenzung nicht eindeutig geregelt ist und er dafür nicht bestraft werden kann, wenn die unklare Situation ihn vermuten lässt, dass die Geschwindigkeitsbegrenzung aufgehoben ist. Mit dem Urteil von 2005 wurde das Verfahren gegen den Kraftfahrer erfolgreich eingestellt. Glückwunsch!

Mit Bezugnahme auf dieses Urteil wurde mir nun mitgeteilt und begründet, dass an der fraglichen Stelle bei München die Geschwindigkeitsbegrenzung nicht extra aufgehoben werden muss. Wie bitte?!

Auszug aus dem Antwortschreiben der »Fachleute« und Verantwortlichen in München:

Ein Aufhebenszeichen ist analog der Einfahrtsituation mit geltender Geschwindigkeitsbeschränkung an einer Autobahnanschlussstellen (vgl. Urteil AG Herne von Juni 2005) bzw. bei der Annäherung auf einer mit einer Geschwindigkeitsbeschränkung belegten untergeordneten Straße an einem Knotenpunkt, außerhalb der Autobahn, nicht erforderlich. Beide Situationen sind in der StVO ebenfalls nicht wörtlich verankert, sondern erschließen sich aus dem Begriff »Streckenverbote«. Hier endet das Streckenverbot mit Einfahren in die Hauptfahrbahn durch überqueren der unterbrochenen Fahrbahnbegrenzungslinie (Blockung), bzw. überqueren der Wartelinie (unterbrochene Fahrbahnbegrenzungslinie) bzw. bei Stoppstelle der Haltelinie.

Also, nur um das noch einmal klarzustellen. Mir als Fahrlehrer war an einer Stelle im Straßenverkehr nicht ganz klar, wo die Geschwindigkeitsbeschränkung endet, ich habe bei der zuständigen Straßenverkehrsbehörde nachgefragt und diese Antworten erhalten. Übersetzt: Schaust du einfach in das Urteil vom Amtsgericht Herne von Juni 2005. Ist doch ganz klar geregelt?!

Nun müssen wir die Fahrschüler nicht nur in der recht umfangreichen Straßenverkehrsordnung ausbilden, sondern vielmehr auch noch die »Sondermöglichkeiten«, begründet auf erfolgreiche Einspruchsverfahren und deren Urteile, vermitteln. Das ist schlichtweg unmöglich. Die nächste Frage wäre, wer von Ihnen hätte das oben Beschriebene gewusst? Ich habe mit verschiedenen Fahrlehrern (Fachleute für den Straßenverkehr und Multiplikatoren für die Sicherheit im Straßenverkehr) diese Schreiben diskutiert um auszuschließen, dass ich mich persönlich in dieser Situation verrannt habe.

Da wir zu keinem plausiblen Ergebnis gekommen sind, habe ich das Innenministerium Bayern als oberste zuständige Behörde angeschrieben und um Aufklärung gebeten.

Lob und Anerkennung, das Innenministerium hat sich hinter die Entscheidung der Autobahndirektion Südbayern gestellt und die Erläuterungen, gestützt auf das Urteil des Amtsgerichts Herne aus dem Jahr 2005, bestätigt. Ich habe auch den konstruktiven Vorschlag unterbreitet, die vorhandenen Anzeigetafeln über der Autobahn, so zu schalten, dass das Zeichen für das Ende der Streckenverbote für alle einfach angezeigt wird, um die Lage dort eindeutig, klar und für alle verständlich zu machen. Darauf wurde mir aus dem Innenministerium mitgeteilt, dass, wenn man über der Autobahn diese »Streckenbeeinflussungsanlagen« oder auch »Schilderbrücke mit Wechselverkehrszeichengeber« genannt, dunkel zeige (ergo ausgeschaltet, als wenn sie gar nicht da wären oder defekt), die Geschwindigkeitsregelungen aufgehoben wären.

Hier ein Auszug aus dem Schreiben von Frau G. vom Bayerischen Staatsministerium des Inneren:

... Allerdings folgt in räumlich engem Abstand eine Schilderbrücke mit Wechselverkehrszeichengebern. Spätestens dort sind die unterschiedlichen Geschwindigkeitsregelungen aufgehoben, auch wenn die Wechselverkehrszeichengeber dunkel geschaltet sein sollten. ...

Abschließend möchte ich ausdrücklich darauf hinweisen, dass keine Anzeige von Verkehrszeichen nach meinem Dafürhalten nicht die Aufhebung der Geschwindigkeitsbegrenzung bedeuten kann. Was ist denn, wenn die Dinger einfach nur defekt oder ausgeschaltet sind? Weiterhin sind mir die Fachleute der zu Rate gezogenen Stellen die Antwort schuldig geblieben, ob bei den hier interpretierten Regelungen alle Streckenverbote, also auch Überholverbote oder nur die Geschwindigkeitsbeschränkung betroffen sind. Auf diese Frage habe ich keine Antwort mehr erhalten.

Liebe Leserinnen und Leser, liebe Behörden und Politiker, mir geht es nicht (nicht nur) darum, die Unfähigkeit der Verantwortlichen anzuprangern. Ich möchte aber an diesem Beispiel klar aufzeigen, wie eindeutig unterschiedlich simple Dinge sein können. Rechtlich vermutlich absolut klar, aber eben nicht praktikabel verständlich und zusätzlich verkompliziert. Und durch Unklarheiten entstehen im Straßenverkehr Probleme. Aus Problemen entstehen wieder Fehler, Stress und auch Aggressionen. Diese sind die Auslöser für Unfälle. Geht es uns doch allen um die Vermeidung von Unfällen. Auch den verantwortlichen Planern und Behörden. Hier ist es diesen Fachleuten allerdings nur gelungen, alle Klarheiten zu beseitigen! Dieses Autobahnkreuz ist im Übrigen ein bekannter Unfallschwerpunkt.

Ein weiteres Beispiel: Fahrradstraße
In einem Wohngebiet (Westend) in München, Zone 30, gibt es eine Einbahnstraße (Gollierstraße), in welcher die Radfahrer auch entgegen der vorgeschriebenen Fahrtrichtung fahren dürfen. Obwohl viele Radfahrer anderer Meinung sind, ist das nicht automatisch in jeder Einbahnstraße erlaubt. Da in dieser Einbahnstraße auch auf beiden Seiten, links und rechts geparkt wird, ist es für die Autos ohnehin schon eng, sodass ein Radfahrer nicht mit dem nötigen und gesetzlich vorgeschriebenen Sicherheitsabstand von 1,5 m überholt werden kann. Also fahren (die meisten) Autofahrer geduldig den Radfahrern hinterher. Bei den Radfahrern, welche erlaubterweise entgegenkommen, ist das schon schwieriger.

Nun wurde 2013 aus der Gollierstraße eine »Fahrradstraße«, welche auch für Kraftfahrzeuge bis 3,5 t und Krafträder durch Zusatzzeichen freigegeben ist. Da auch wir Fahrlehrer nicht täglich mit Fahrradstraßen zu tun haben, habe ich erst mal im Gesetzbuch nachgelesen, um unsere Fahrschüler an den entsprechenden Stellen mit plausiblen Erklärungen ausbilden zu können.

Und wieder bin ich auf ein Problem gestoßen. Ich habe nun begonnen, Anwohner, Radfahrer und unsere Fahrschüler auf die neue »Fahrradstraße« anzusprechen. Viele hatten die Installation der Verkehrszeichen noch nicht einmal bemerkt. Auf die Frage, was denn nun in der Fahrradstraße anders sei als vorher, habe ich von den meisten ein stummes Gesicht mit einem großen Fragezeichen erhalten. Manche Radfahrer sind der Meinung, dass sie jetzt an den Kreuzungen Vorfahrt, insbesondere vor dem Kraftfahrzeugverkehr, haben. Dies sei gleich an dieser Stelle klargestellt: In einer Fahrradstraße gilt nach wie vor die Vorfahrtregel rechts vor links oder gemäß Verkehrszeichen.

Radfahrer haben in einer Fahrradstraße nicht automatisch Vorfahrt!!! Bitte weitersagen!

Was ändert sich nun wirklich? In einer Fahrradstraße dürfen Radfahrer, die auf der Fahrbahn grundsätzlich nur hintereinander fahren dürfen, nun auch nebeneinander fahren. Und sie dürfen nicht schneller als 30 km/h fahren. Hätten Sie das gewusst?

Grundsätzlich dürfen Radfahrer so schnell fahren, wie sie halt können. Die Geschwindigkeiten wie zum Beispiel 50 km/h in geschlossenen Ortschaften oder 30 km/h in einer 30er-Zone gelten nur für Kraftfahrzeuge, nicht aber für Fahrzeuge aller Art!

Da die meisten Radfahrer aber eher zwischen 20 und 30 km/h fahren, habe ich mich gefragt, worin denn jetzt der Vorteil dieser neuen Fahrradstraße besteht. Dass nun in der engen Straße die Radfahrer nicht nur in beide Richtungen, sondern auch noch nebeneinander fahren dürfen, kann es doch nicht sein. Auch die Tatsache, dass viele Radfahrer der Meinung sind, dass sie jetzt immer Vorfahrt haben, steigert doch nicht die Sicherheit für diese Verkehrsschwächeren. Also habe ich wieder Zeit investiert und an die Straßenverkehrsbehörde geschrieben. Allerdings warte ich bis heute auf eine Antwort. Zwischenzeitlich habe ich verschiedene Verkehrsteilnehmer, Fahrlehrer, Verkehrspolizisten und auch Rechtsanwälte (Fachanwalt für Verkehrsrecht) nach dem Unterschied in einer Fahrradstraße befragt. Es konnte mir bis heute nicht mal jeder Zehnte die Frage richtig beantworten. Traurig, aber wahr!

Ich kann nur hoffen, dass unsere Steuergelder für die Schaffung dieser Fahrradstraßen nicht investiert wurden, ohne sich ausreichend Gedanken über die Sicherheit für unsere Fahrradfahrer gemacht zu haben. Ich persönlich vermute hier eine ganz andere Absicht. Die »Väter« der Stadt München werben neuerdings mit dem Begriff »Fahrrad-Hauptstadt München«. Leider muss ich nun annehmen, dass der eigentliche Hintergrund dieser Fahrradstraßen vielmehr in der politischen Profilierung zu suchen ist. Ein Sicherheitsgewinn für den Verkehrsteilnehmer liegt hier auf jeden Fall nicht vor.

Im Februar 2015 habe ich in der Tageszeitung gelesen, dass die Stadt München für die Fahrradfahrer beziehungsweise Radwege die Note 4 erhalten hat. Was mich persönlich nicht mal besonders überrascht.

Ich möchte an dieser Stelle auch erwähnen, dass das Bayrische Staatsministerium des Inneren (wie auch andere Bundesländer mit ähnlichen Aktionen) eine sehr lobenswerte Verkehrssicherheitsaktion ins Leben gerufen hat: »Bayern mobil – sicher ans Ziel«.

Auf der Homepage www.sichermobil.bayern.de kann man sich darüber informieren. Leider hege ich aufgrund zuvor genannter Erfahrungen starke Zweifel daran, dass die dort aufgeführten Ziele bis 2020 erreicht werden können. Im Gegenteil. Vor dem Hintergrund, dass ich hier in und um München bereits mehrere negative Erfahrungen mit verschiedenen Behörden machen durfte, gehe ich zu 99 % davon aus, dass diese Ziele nicht erreicht werden. Dies habe ich den Verantwortlichen dort ebenfalls schon schriftlich mitgeteilt. Aber es sind ja noch ungefähr fünf Jahre bis dahin und ich würde mich gerne eines Besseren belehren lassen.

Der oder die Leidtragenden sind am Ende Sie beziehungsweise wir alle. Wenn Politiker oder Verantwortliche nicht in der Lage sind eindeutig zu kommunizieren oder Regeln zu erlassen, die wir Verkehrsteilnehmer dann aus Unkenntnis nicht einhalten können, werden niemals die Verursacher zur Kasse gebeten. Denn diese haben sich mit den uns allen unbekannten Gerichtsurteilen, wie zum Beispiel AG Herne von 2005, rechtlich abgesichert.

Zugegeben, es ist auch nicht einfach. Wenn es nur um die Grundregel wie zum Beispiel bei der Vorfahrt »Rechts vor Links« gehen würde, gäbe es nicht so viele verschiedene Meinungen. Wenn man dann aber berücksichtigt, dass das Verkehrsrecht, ähnlich wie Bildungswesen »Länderrecht« ist, also nicht mal in Deutschland in den verschiedenen Bundesländern einheitlich, dann kann es nicht einfach sein.

Ich bewundere die Politiker, insbesondere in Brüssel, die versuchen, alle Europäischen Länder mit den verschiedenen Kulturen, Sprachen und Währungen unter einen »Hut« zubekommen. Unsere Politiker in Deutschland schaffen das nicht einmal mit 16 Bundesländern. Das nenne ich Optimismus sowie Arbeitsplatz- und Einkommenssicherung für die Politiker.

Aber wir wollen bei den Problemen in Deutschland bleiben und auch nicht zu politisch werden. Nur ein bisschen vielleicht.

An der Spitze der Verkehrspolitik steht der Bundesverkehrsminister. Dies war vor dem Amtierenden Herr Peter Ramsauer, als »Oberverantwortlicher«, auch wenn es um die Regeln und unsere Sicherheit im Straßenverkehr geht. Ihm vertrauten wir, in seinen Händen lag unsere Sicherheit im Straßenverkehr. Und genau bei diesem Minister ist die Unfallstatistik wieder angestiegen.

Wie kann man zu solchen Politikern noch Vertrauen haben? Zugegeben, Versprechen wie das mit der Einführung des Wechselkennzeichens hat er gehalten. Nur mit dem Unterschied, dass man in Österreich mit zwei Kennzeichen drei Kraftfahrzeuge fahren kann und in Deutschland mit sechs Kennzeichenteilen nur zwei. Auch der finanzielle Vorteil ist nicht zu erkennen. Stellt sich hier die Frage, ob die Politiker uns Bürger wirklich für so dumm halten und ob wir so blauäugig sind und das nicht merken.

Haben wir bei den heutigen Kraftfahrzeug- und ständig erhöhten Kraftstoffkosten nicht genug Probleme? Ist die wieder steigende Zahl der Unfälle mit Verletzten und getöteten Mitmenschen nicht Aufgabe genug? Nein, da werden unsere Steuergelder dafür verprasst, das Punktesystem zu ändern. Zugegeben, es wurde ja auch eben von diesen Politikern in den letzten Jahren immer komplizierter gestaltet. Aber es hätte auch gereicht, es einfacher zu stricken statt es komplett zu verändern. Wenn ich ein neues Sofa benötige, baue ich doch auch nicht das ganze Haus neu! Das macht es arbeits- und kostenintensiv. Genau diese Zeit und unser Geld sollte man mehr in unsere Sicherheit im Straßenverkehr investieren.

Ein weiteres Beispiel ist die Einführung der Fahrerlaubnisklasse »S«. Eine Klasse, die kaum jemand kennt. Hintergrund: Da werden sogenannte »Quads« (mehrspurige Kraftfahrzeuge) von der Industrie (vorrangig nicht in Deutschland) gebaut. Diese dürfen mit dem Auto-Führerschein (Klasse B) gefahren werden. Aber die Industrie (meist nicht aus Deutschland) kann diese, nämlich dann, wenn sie nur 45 km/h fahren können, nicht in Deutschland an die 16- und 17-Jährigen verkaufen, weil es dafür keine Fahrerlaubnisklasse gibt. Nun hätten man die vorhandene Fahrerlaubnisklasse »M« einfach entsprechend anpassen können, hat man aber nicht.

Vielmehr werden Millionen Euro für die Einführung einer »neuen«, nämlich der Klasse »S« (diesmal unsere Gelder in Deutschland) ausgegeben, um 2005 eine Fahrerlaubnis einzuführen, mit der eben diese mehrspurigen Kraftfahrzeuge bis 45 km / h Geschwindigkeit auch in Deutschland verkauft werden können. Vielleicht hat es auch wirtschaftliche Gründe, welche diese Investition in Zeit und Geld rechtfertigen, wir aber nur nicht kennen. Was wir wissen ist, dass drei Jahre nach Einführung nicht mal 300 dieser Fahrausbildungen durchgeführt beziehungsweise Erlaubnisse der Klasse »S« in ganz Deutschland erteilt worden sind. Nicht mal 300 in ganz Deutschland! Zur selben Zeit wurden über 200.000 Motorradklassen und über 1,1 Millionen Pkw-Klassen erteilt.

Also wurden eben nochmals die Zeit der Politiker und unser Geld investiert, um die neue Klasse »S« nach nur sieben Jahren zum 18.01.2013 wieder abzuschaffen. Nicht ganz, die Kraftfahrzeuge der abgeschafften Klasse »S« sind jetzt, wie man es hätte gleich tun können, in der Klasse »M« beziehungsweise jetzt »AM« enthalten.

Bei all diesen Beispielen drängt sich die Frage auf, ob die Zeit der Politiker und unser Geld nicht besser in die Sicherheit im Straßenverkehr investiert werden sollten oder ob doch wirtschaftliche Interessen im Vordergrund stehen dürfen.

Nun hatte ich gehofft, dass diese Problematik an der Person Ramsauer festzumachen sei. Falsch, Herr Dobrindt (aktueller Verkehrsminister) tritt nicht nur in die gleichen merkwürdigen Fußstapfen, er setzt dem Ganzen noch die Krone auf. Wenn bei einer Pkw-Maut, welche nur die Ausländer betrifft, EU-weit mit Klagen zu rechnen ist, dann nennt er diese Abgabe einfach anders. Oder liegt es daran, dass Frau Merkel gesagt hat, es gebe unter ihrer Führung keine Pkw-Maut?

Auch rechnerisch geht hier einiges nicht ganz auf. Es sollen nach Abzug der ganzen Kosten für die Einführung bzw. Realisierung der Maut (ca. 260 Mio. €) gemäß Aussage der Medien noch 600 Millionen Euro jährlich (in vier Jahren 2,5 Mrd. €) bleiben. Achtung: Vier mal 600 macht nur 2,4 Milliarden Euro. Aber was machen schon 100 Millionen Euro mehr oder weniger für einen Unterschied!!!

Wenn man nun weiß, dass der Staat schon 8,5 Milliarden Euro über die Kfz-Steuer und ca. 55 Milliarden Euro über den in Deutschland verkauften Kraftstoff einnimmt, kommen einem doch Zweifel an den Rechenkünsten von Herrn Dobrindt oder seinem Ministerium. Pro Liter verkauftem Kraftstoff erhält derzeit der Staat ca. 85 Cent. Für nur einen Cent pro Liter mehr hätte der Staat 600 Millionen Euro Mehreinnahmen. Für ca. 13 Cent pro Liter mehr hätten wir die gesamte Kfz-Steuer im Kraftstoff enthalten.

Nun soll diese geplante, sogenannte Infrastrukturabgabe für den Erhalt von Straßen verwendet werden. Leider sind Kraftfahrzeuge über 3,5 t zulässigem Gesamtgewicht nicht einmal berücksichtigt (ausgenommen Autobahn). Also gehen genau diese Fahrzeuge, welche die Straßen erheblich belasten, mautfrei aus?! Es wird auch nicht berücksichtigt, wer die Straßen mehr oder weniger benutzt und belastet.

Also, nach meinem Dafürhalten ruhig noch mal mit den Kraftstoffkosten 10 Cent rauf, dann zahlt jeder, der in Deutschland fährt und tankt, egal ob Deutscher oder Ausländer, egal ob unter oder über 3,5 t, egal ob auf Autobahn, in der Stadt oder auf der Landstraße. Wer sparsame und wirtschaftliche Fahrzeuge fährt wird belohnt, wer weniger fährt wird belohnt. Im Gegenzug dafür: Abschaffung der Kfz-Steuer (Einsparung des gesamten Berechnungsaufwands) und Erhöhung der Pendlerpauschale zum Ausgleich derjenigen, die beruflich weitere Strecken fahren müssen.

Dann bräuchten wir weder den Verwaltungsaufwand für die Kfz-Steuer noch den Aufwand für eine Pkw-Maut. Wir bräuchten keine EU-weiten Klagen wegen Benachteiligung von Ausländern oder grenznahen Anwohnern befürchten. Unsere Politiker hätten wieder mehr Zeit und könnten sich zum Beispiel mehr Gedanken um die Sicherheit im Straßenverkehr machen.

Oder geht es wieder nur um Wählerstimmen? Wann geht es mal um die Wähler, um uns Bürger insbesondere, unsere Sicherheit im Straßenverkehr? Wie lange schon wird von unseren Steuergeldern über ein funktionierendes Mautsystem diskutiert und entwickelt? Sollten wir uns wundern, wenn andere Länder uns auslachen? Österreich druckt und verkauft schon seit 1997, die Schweiz seit 1984 ihre Aufkleber und gut ist. Wer sich nicht an die Regeln hält und ohne Vignette fährt, zahlt zwischen 300 und 3000 Euro! So wird's gemacht! Eben ganz einfach und effektiv!

Und noch etwas zum Thema »Maut« zum Schluss. Ich halte heute schon schriftlich fest, dass ich persönlich mir über Folgendes ganz sicher bin: Den finanziellen Ausgleich über die Kfz-Steuer für uns Deutsche werden wir nicht lange genießen. Damit werden wir nur »eingelullt«, um der Einführung einer Maut nicht selbst zu widersprechen. Es wird nicht lange dauern, bis man uns deutschen Autofahrer diesen Vorteil wieder streicht. Wir werden sehen.

Gut, das Thema Verschwendung von Steuergeldern steht hier nicht im Vordergrund. Dafür gibt es vom Bund der Steuerzahler jährlich ausreichende Aufstellungen und Beispiele, die leider kaum gelesen werden und nicht wahrnehmbare Veränderungen verursachen. Der deutsche Comedian Mario Barth hat eine neue Sendung, in der sehr lustig dargestellt wird, wie inkompetent manche Entscheider oder Politiker unsere Steuergelder verschwenden. Schade nur, dass die meisten diese Sendung aus dem Grund anschauen, weil die Steuerverschwendung so amüsant präsentiert wird. Ich würde auch lieber etwas lustiger schreiben. Es fällt mir nur sehr schwer an 4000 getöteten Menschen pro Jahr etwas Lustiges zu finden. Auch den Angehörigen von den 730.000 Verletzten und Getöteten gegenüber halte ich es für pietätlos. Ich möchte ganz bewusst wachrütteln und nicht humorvoll verharmlosen.

Deshalb zurück zum Thema. Wenn es um die Sicherheit im Straßenverkehr geht, halte ich es für sinnvoller, die Zeit der Politiker und unser Geld effektiver zu investieren als in Wahlpropaganda oder wirtschaftliche Interessen. Nur, solange wir alle den Mund halten, wird sich auch nichts ändern. Also möchte ich nicht nur zum Nachdenken, sondern vielmehr auch bei Ihnen, in der Öffentlichkeit und bei den Politikern zum Diskutieren anregen. Schließlich geht es um unsere Gesundheit, unser Geld und – wenn es blöd läuft – eben auch um unser Leben.

Liebe Politiker, liebe Medien, belehrt uns eines Besseren. Zeigt uns, dass euch die im Straßenverkehr getöteten Mitmenschen wichtig sind. Auch wenn sie nicht mehr wählen gehen können. Macht euch auch mal Gedanken um die Angehörigen sowie die Menschen, welche morgen schon getötet werden könnten.

Vielen Dank im Voraus.

Die Bußgelder

Ja, die Kraftfahrzeugindustrie sorgt mit ihren ganzen Assistenz-Systemen dafür, dass Unfälle verhindert oder die Folgen für die Insassen möglichst gering sind. Lob und Anerkennung dafür. Was aber macht die Regierung?

Wenn es doch bekannt ist, dass die meisten Unfälle durch falsche, meist zu hohe Geschwindigkeit verursacht werden, warum sind dann die Bußgelder geringer als in den meisten anderen Ländern? Wenn im Bundeshaushalt Geld fehlt, dann wird entweder vom fleißig arbeitenden Bürger, vom Autofahrer und auch von den Rentnern kassiert. Genau, von den Rentnern, welche in der Nachkriegszeit die Ärmel hochgekrempelt und unser Land wieder aufgebaut haben. Die Rentner von heute haben unser Land dahin gebracht, wo es heute ist. Und genau von diesen Menschen werden die Leistungen (Renten) immer mehr gekürzt beziehungsweise nicht entsprechend angepasst? Schämt euch!

Warum nicht von denen das Geld nehmen, die sich nicht an Gesetze halten? Von denen, die zu schnell fahren und dadurch uns und unsere Mitmenschen gefährden! Warum nicht für 10 km / h zu schnell 100 Euro, für 20 km / h 200 Euro und so weiter nehmen? Da braucht man nicht viel rechnen, es steigert die Einnahmen im Bundeshaushalt und fördert die Sicherheit im Straßenverkehr. Dabei bräuchte die Regierung nicht einmal ein schlechtes Gewissen zu haben. Diese hohen Strafen bräuchten ja nicht wir alle zahlen, sondern nur die wenigen, welche sich nicht an geltendes Recht oder Gesetze halten.

Natürlich waren wir alle schon mal in Gedanken abgelenkt oder mit der Aufmerksamkeit woanders und dabei schnell auch mal 10 km / h zu schnell unterwegs. Möglicherweise erreiche ich hier bei Ihnen die Grenze Ihres Verständnisses. Deshalb ein anderes, einfaches Beispiel: Nehmen wir einen Fußgänger an einer Fußgängerampel an einer vierspurigen Hauptverkehrsstraße. Wenn dieser bei Rotlicht die Straße überquert, kann er mit einer mündlichen Verwarnung oder 10 Euro Verwarnungsgeld bestraft werden. Bei Gefährdung des Straßenverkehrs muss er mit höheren Kosten rechnen. Wenn er bei viel Verkehr unachtsam ist, kann der Fußgänger auch überfahren werden. Warum also bleiben die meisten wohl stehen? Genau, weil der eigene Leib oder das eigene Leben gefährdet ist. Nicht etwa wegen der 10 Euro.

Fazit: Je schlimmer die zu erwartenden Folgen, insbesondere für unser Leib oder Leben, umso aufmerksamer werden wir und halten uns lieber zum Eigenschutz an die gesetzlichen Regeln.

Bei der gesetzlich zulässigen Höchstgeschwindigkeit verhält es sich ähnlich. Geringfügige Überschreitung halten wir für unseren eigenen Leib oder unser eigenes Leben nicht für problematisch. Und die 10, 15 oder auch 20 Euro – falls man überhaupt erwischt werden sollte – stehen auch noch im akzeptablen Verhältnis. Erst bei höheren Überschreitungen, wenn es teurer wird, gegebenenfalls Punkte gibt oder die eigene Gesundheit riskiert wird, werden wir aufmerksamer. Eigentlich motiviert uns auch nur die Höhe der Sanktionen, die Regeln nicht zu sehr zu übertreten. Eher selten denken wir über die möglichen Folgen nach. Sind wir doch mal ehrlich, wann haben Sie bei der Wahl Ihrer Fahrweise mal über die eigenen Folgen, geschweige denn mögliche Folgen bei anderen nachgedacht?

Und wieder der Vergleich mit einem Gesellschaftsspiel. Es geht auch im Straßenverkehr um das Miteinander. Wenn wir genauso, wie wir an uns denken auch mal an die anderen Verkehrsteilnehmer denken würden, könnten wir mehr Sicherheit im Straßenverkehr erreichen. Und eben auch das Ausmaß der Folgen für uns selbst (als Fußgänger oder Radfahrer) sowie die Höhe der Bestrafung (als Kraftfahrer) hat Einfluss auf unsere Aufmerksamkeit, uns im Straßenverkehr mehr an die Regeln zu halten.

Vor diesem Hintergrund halte ich es für sinnvoll und gerechtfertigt, die Bußgelder um ein Vielfaches zu erhöhen um schon bei kleineren Missachtungen der Regeln die Aufmerksamkeit im Straßenverkehr zu erhöhen.

Stellen Sie sich vor, 20 km/h zu viel kosten 200 Euro! Was glauben Sie, wie lange es dauert, bis auch der letzte Raser früher losfährt um sich an die Geschwindigkeitsbegrenzungen halten zu können? In Frankreich werden ab 50 km/h zu schnellem Fahren 1500 Euro in Großbritannien bis zu 3500 Euro fällig. Da sind die 240 Euro in Deutschland ein richtiges Schnäppchen. Keine Angst, eine Erhöhung der Bußgelder auf dieses Niveau wird nicht passieren. Da fast jeder Kraftfahrer auch Wähler ist, geht ein Politiker nicht das Risiko ein, sich bei einer so großen Gruppe unbeliebt zu machen. Oder liegt es etwa daran, dass Politiker befürchten, dass dann kaum noch jemand zu schnell fährt und die fest einkalkulierten Einnahmen aus Bußgeldern ausbleiben?

Wie so oft bekommt man das Gefühl, dass politische und auch wirtschaftliche Gründe wichtiger sind als die Gesundheit und das Leben der Mitmenschen.

Wenn man den Kindern erläutert, dass man beim Überqueren der Straße erst links, dann rechts schauen muss, damit man nicht überfahren wird, gilt das dann eigentlich nur dort, wo der Kindergarten oder die Schule ist, also nur an den Unfallschwerpunkten? Wird es nur dort geübt? Nein, die Gefahr lauert doch überall! Es muss an jeder Straße vor dem Überqueren abgesichert werden, weil man überall überfahren werden kann. Und wehe die Kids machen das nicht, dann lassen wir uns richtig was einfallen, denn wir wollen, dass die Kinder an jeder Straße, also immer die Augen aufmachen und absichern, IMMER! Und wir überprüfen das bei unseren Kids auch überall. Bei den Kontrollen für Kraftfahrer ist das etwas anders.

Beispiel: Deutsches Recht?

»Raser« oder Kraftfahrer, welche sich bewusst *nicht* an die Geschwindigkeitsbegrenzungen halten, dürfen natürlich nicht überall kontrolliert werden. Übrigens, mit Raser meine ich nicht etwa uns, die mal in Gedanken 5 bis 10 km/h zu schnell sind. Vielmehr gibt es nicht wenige, welche ganz bewusst mit Vorsatz zu schnell fahren. Ich habe in den Aufbauseminaren mit vielen Autofahrern gesprochen, welche mir mit einer beängstigenden Selbstverständlichkeit bestätigt haben, dass sie regelmäßig mindestens 20 bis 30 km/h zu schnell fahren. Nachts oder auf der Autobahn auch mal mehr, weil dort ja nicht so oft kontrolliert wird. Manche haben sogar einen »sportlichen« Ehrgeiz dabei entwickelt. Es geht nicht darum, sich an die Regeln zu halten, sondern vielmehr darum, nicht erwischt zu werden. Ok, habe ich dann immer gedacht, ganz so erfolgreich war er damit nicht, sonst wäre er nicht im Aufbauseminar.

Na ja, jedenfalls wissen auch diese Raser ganz genau, dass Geschwindigkeitskontrollen nicht überall erlaubt sind, vielmehr nur dort durchgeführt werden, wo schon mal Unfälle passiert sind. Also nur an den sogenannten Unfallschwerpunkten?!

Dies wird dann auch im Radio wiederholt deutlich allen mitgeteilt, damit sich dann möglichst an diesem Tag viele an die richtige Geschwindigkeit halten und möglichst wenige erwischt und zur Kasse gebeten werden.

Wenn man das auf die Erziehung der Kinder überträgt, dann kontrollieren Sie doch bitte nicht überall, ob Ihre Kinder abgesichert über die Straße gehen, sondern nur an den Unfallschwerpunkten.

Oder Sie erläutern den Kindern, dass das Spielen mit Feuer gefährlich ist und deshalb verboten. Sie kontrollieren dies aber nur im eigenen Haus oder Kinderzimmer. Vor der Tür, im Garten oder Wald dürfen Sie nicht kontrollieren, ob Ihr Kind zündelt, weil dort noch nicht so oft etwas passiert ist. Dabei ist es doch überall gleichermaßen gefährlich, zu zündeln oder die Straßen zu überqueren. Wenn die Kinder nun genau wissen, dass das Spielen mit Feuer nicht überall kontrolliert werden darf, wo probieren sie das dann wohl aus?

Kraftfahrer werden sich nur dann überall an die Geschwindigkeit halten, wenn sie wissen, dass diese auch überall kontrolliert werden darf. Das ist doch so einleuchtend wie simpel.

Ich werde regelmäßig gefragt, was man machen kann, um beim Rasen nicht so häufig erwischt zu werden. Soll ich also antworten: »Erstens höre immer Radio, damit du weißt wo die Blitzer stehen, zweitens meide Unfallschwerpunkte und drittens, wenn du geblitzt wirst, dann streite erst mal alles ab und kläre am besten mit einem Anwalt, ob dort überhaupt geblitzt werden durfte und ob die Messungen überhaupt korrekt waren. Das beschäftigt zwar die Behörden, aber dafür bezahlen wir ja auch Steuern!«

Das ist die Praxis, für mich völlig unverständlich.

Da ich davon ausgehe, dass wir uns immer und überall an Gesetze und Regeln halten müssen, sehen meine Tipps auch anders aus: »Versuche, so aufmerksam wie möglich, dir die zulässige Höchstgeschwindigkeit zu merken und sei bemüht, dich so oft wie möglich daran zu halten.«

Dieser Tipp funktioniert auch, wenn man kein Radio hört, auch wenn man kein Geld für Radarwarner ausgegeben hat, deren Nutzung eh verboten ist und vor allem braucht man nicht ständig Angst vor dem Erwischtwerden zu haben.

Mir persönlich ist es völlig egal ob, wo oder wann geblitzt wird, da ich versuche, mich überwiegend an die Geschwindigkeitsbegrenzungen zu halten. Zugegeben, auch ich bin ein Mensch und Menschen machen Fehler. So kam es – zwar sehr, sehr selten – vor, dass auch ich schon mal zu schnell gefahren bin. In den letzten zwölf Jahren wurde ich zweimal geblitzt. Einmal musste ich 15 Euro und einmal 20 Euro bezahlen.

Die 20 Euro waren nach einer Motorradfahrt in Österreich fällig. Eine »Anonym-Verfügung« kam per Post und wieder habe ich meinen Hut vor den Österreichern gezogen. Anonym-Verfügung bedeutet, der Halter des Fahrzeugs muss zahlen, Punkt. Wenn man nicht selbst gefahren ist, dann kann man sich das Geld ja von dem Fahrer wiederholen. Der Halter wird schließlich wissen, an wen er das Fahrzeug verliehen hat. So umgehen die Österreicher, dass Widersprüche eingelegt werden und ihnen unnötige Verwaltungskosten entstehen.

In Deutschland ist das anders. Hier wird erst mal Widerspruch eingelegt, man kann sich nicht erinnern, wer an dem Tag das Fahrzeug geführt hat, oder es war ein Bekannter aus »Timbuktu«. Dieser »Bekannte« wird dann von den Deutschen Behörden angeschrieben, antwortet aber leider nicht. Also wird das Verfahren eingestellt, weil der Täter nicht eindeutig ermittelt werden kann. Hierdurch sind die Verwaltungen beschäftigt, es kostet uns Steuerzahler viel Geld und ändert nichts an der Tatsache, dass viele sich weiterhin nicht an die Gesetze der Straßenverkehrsordnung halten.

Ich kann einfach nicht verstehen, warum die Raser in Deutschland auch noch Privilegien genießen. Wenn doch überhöhte Geschwindigkeit überall gefährlich ist, warum darf dann nicht überall kontrolliert werden? Wenn doch der Halter sonst für alles am und mit dem Fahrzeug verantwortlich ist, warum lässt man nicht einfach wie in Österreich den Halter zahlen? Warum werden Dinge, die in anderen Ländern gut funktionieren, bei uns in Deutschland so kompliziert geregelt?

Abzocke wird es dann genannt, wenn korrekterweise Geschwindigkeitskontrollen aufgebaut werden. Kürzlich habe ich gelesen, dass an einer Straße in München 160 Mal im Jahr geblitzt wurde, obwohl in einer anderen Straße viel mehr Unfälle passierten. Nun sehen das viele Autofahrer als Abzocke, weil in der Straße mit den wenigen Unfällen geblitzt wurde. Ich sehe das anders. Vielleicht halten sich in der Straße, wo bekanntlich öfter geblitzt wird, viel mehr Autofahrer an die gesetzlichen Geschwindigkeiten und es passieren eben deswegen weniger Unfälle. Und in der Straße, wo eben nicht so oft kontrolliert wird, wird sich nicht so konsequent an die Regeln gehalten und es passieren eben aus diesem Grund auch mehr Unfälle. Nun wird ernsthaft darüber diskutiert, die Blitzer in dieser Straße wieder abzuschaffen. Ich vermute, dass dort dann auch wieder mehr Unfälle passieren. Es sollte eher andersherum sein, nämlich dass auch in der Straße mit den vielen Unfällen zusätzlich Blitzer aufgestellt werden.

Im Internet gibt es sogar eine Initiative gegen Abzocke, mit dem Ziel, Blitzer zu reduzieren. Es werden dort Unterschriften gesammelt mit der Absicht, dass Raser weniger kontrolliert werden und die Stadt, der Kreis oder das Land weniger Einnahmen erzielt. Einfacher wäre ein Boykott. Wenn ich erreichen will, dass durch Blitzer keine Einnahme (Abzocke) möglich ist, dann muss ich dazu aufrufen, sich konsequent an die gesetzlichen Geschwindigkeiten zu halten. So einfach wäre das.

Mich würde an dieser Stelle interessieren, wie viele Einträge die Initiatoren dieser Anti-Abzocke-Website in Flensburg haben. Ich frage mich ernsthaft, ob es die »guten« Verkehrsteilnehmer sind, welche gegen Abzocke angehen. Ich frage mich, ob es die guten Verkehrsteilnehmer wirklich stört, dass andere Verkehrsteilnehmer, welche sich nicht an die Gesetze halten und unsere Sicherheit im Straßenverkehr nachweislich gefährden, kontrolliert werden.

Fragen, auf die ich keine plausiblen Antworten finde. Zumindest keine, welche im direkten Zusammenhang mit der Sicherheit im Straßenverkehr relevant wären. Es gibt Kraftfahrer, die wie Sie und ich stets bemüht sind, sich überwiegend an das geltende Recht und Gesetze zu halten und es gibt andere, welche dann die Gefahr im Straßenverkehr erhöhen. Nach meinem Dafürhalten werden wir die anderen nur ändern, wenn auch überall und konsequent kontrolliert wird.

Man, ist mir das peinlich! Auf welchem Niveau nehmen wir am Straßenverkehr teil? Da will man erwachsen sein, hat einen Führerschein und muss wie ein kleines Kind kontrolliert werden. Klar kann man jetzt sagen, es sind ja nur ein paar wenige. Wobei wenige wieder relativ ist. Wie schon erwähnt, ist fast jeder fünfte Führerscheininhaber in Flensburg registriert. Das sind ja nur ca. neun Millionen.

Was mich dabei am meisten ärgert ist, dass auch ich dafür bezahlen muss. Von meinem sauer verdienten Geld muss ich dafür bezahlen, dass andere sich nicht an die Geschwindigkeitsbegrenzungen halten können oder wollen und dem Staat sowie auch den Versicherungen dadurch Mehrkosten entstehen. Es hilft auch nicht zu wissen, dass auch Sie – genau Sie! – die Kosten, welche andere verursachen, mit bezahlen.

Wenn Politiker über Steuererhöhungen verhandeln, dann stehen plötzlich alle auf und das Geschrei ist groß. Dass aber der Einzelne positiv Einfluss auf die Kosten nehmen könnte, dafür reicht der geistige Horizont nicht aus. Oder sind diese Zusammenhänge nur unzureichend publik gemacht worden? Dann müssen sich die Medien angesprochen fühlen. Einen Vorwurf kann man aber nicht nur den Medien alleine machen. Interessiert den meisten Menschen doch vielmehr, wenn irgendwo ein Flugzeug abstürzt oder eine Bombe explodiert. Es sind für uns eigentlich nur die Berichte in den Medien interessant, wo andere Fehler machen oder gemacht haben und über die wir uns dann auslassen können. Auf Fehler, die wir selbst machen, wollen wir Menschen eigentlich nicht hingewiesen werden. Grundsätzlich haben die meisten ein so »gesundes« Selbstvertrauen, dass sie glauben, alles richtig zu machen. Eben das macht Veränderung so schwierig. Warum soll ich etwas ändern, von dem ich glaube oder sogar überzeugt bin, dass ich es richtig mache? Nur wenn ich offen für Ehrlichkeit bin, zugeben kann, dass ich Dinge falsch sehe oder gemacht habe, kann ich einen Schritt in Richtung Veränderung gehen. Aber es reicht nicht zu wollen, man muss es auch tun. Es ist viel schwieriger, sich an Verkehrsregeln zu halten, wenn andere es nicht tun. Gas geben kann jeder, das ist am leichtesten.

Noch einmal: Wenn Eltern zum Schutz ihrer Kinder Regeln aufstellen und diese dann nicht eingehalten werden, werden die Kinder bestraft. Wie unverständlich ist es dann sogar für die Eltern, wenn ein und dieselbe Regel auch noch wiederholt missachtet wird? Dann wird die Bestrafung ganz selbstverständlich auch noch erhöht. Und genau diese Eltern sitzen dann im Auto und verstoßen zum Teil auch noch mit Vorsatz gegen die gesetzlichen

Regeln und bilden Initiativen, weil sie die Bestrafung dafür als »Abzocke« empfinden.

Als was wohl empfinden unsere Kinder die Bestrafungen? Wenn unsere Kinder nun sagen würden, Regeln sind ok, aber überwachen und bestrafen sollte verboten werden – wie würden wir Eltern reagieren? Und wenn unsere Kinder dann sogar bewusst und mit Vorsatz gegen unsere Regeln verstoßen? Wie selbstverständlich wird etwas von Kindern erwartet, das wir Erwachsene selbst nicht in der Lage sind zu respektieren?

Wie erwachsen sind wir eigentlich?

Die Polizei (bzw. einzelne Polizisten)

Wie schwer es tatsächlich ist, sich an Verkehrsregeln zu halten, kann man auch ganz deutlich daran erkennen, wie manche Fahrlehrer sich verhalten, wenn sie privat fahren oder ohne Fahrschüler unterwegs sind. Oder wenn man einen Polizeiwagen im Straßenverkehr beobachtet. Ich meine jetzt nicht die Einsatzfahrten, bei denen die Polizei Sonderrechte in Anspruch nehmen darf. Nein, vielmehr wenn Polizeibeamte einfach so mit dem Polizeiwagen Streife fahren. Diese Beamten werden von uns mit unseren Steuergeldern dafür bezahlt, für die Einhaltung von Gesetzen und Regeln zu sorgen. Dafür sind sie explizit ausgebildet. So sollten gerade diese Verkehrspolizisten die Straßenverkehrsregeln mindestens genauso gut kennen wie wir Fahrlehrer zum Beispiel. Und vor allem sollten sich diese Polizisten doch auch selbst an diese Gesetze und Regeln halten. Oder nicht? Auch hier möchte ich versichern, dass ich die Autorität und das Verantwortungsbewusstsein der Polizei nicht pauschal in Frage stellen will.

Bei dem Thema könnte ich richtig sauer werden (ändert nur nichts).

Auslöser:
Während einer Prüfungsfahrt fahren vor unserem Fahrschulwagen mit Fahrprüfer ein schwarzer SUV und ein Polizeiauto. An einer relativ übersichtlichen Kreuzung wollen wir alle drei nach rechts abbiegen. Der SUV fährt vorsichtig an die Kreuzung, welche mit einem Stoppschild gekennzeichnet ist und damit zeigt, dass es sich um eine Kreuzung mit Unfallschwerpunkt handelt. Es ist aber alles frei und der SUV biegt ab. Der Polizeiwagen genauso. Als wir an die Kreuzung kommen, ist immer noch alles frei und der Fahrschüler biegt genauso ab, wie es gerade der Gesetzeshüter vor ihm getan hat, nämlich ohne richtig zu stoppen. »Schade«, sagt der Prüfer. Damit ist die Prüfungsfahrt beendet und die Prüfung natürlich nicht bestanden, so sieht es die Prüfungsrichtlinie vor. Auch das Argument, die Polizei hätte doch auch nicht gehalten, hat daran nichts geändert. Den Fahrschüler kostete das schlechte Vorbild des Polizeiwagenfahrers eine weitere Prüfung sowie ein oder zwei Übungsfahrten (gesamt ca. 300 Euro).

Was mich daran besonders ärgert ist, dass wir dem Fahrschüler so viel beibringen müssen um eine Prüfung zu bestehen, und dann schaffen es

Fachleute wie manche Polizisten nicht, sich an die Gesetze zu halten! Und es ist kein Einzelfall, ich habe verschiedene Situationen wie zu schnelles Fahren, abbiegen ohne zu blinken, Parken im absoluten Haltverbot (ein Polizisten in Uniform mit Privatwagen), um dann zum Bäcker zu gehen und so weiter und so fort beobachtet.

Und wieder ein verständlicher Vergleich mit Kindern. Wenn Sie Raucher sind und Ihren Kindern das Rauchen verbieten, auf wie viel Verständnis oder Einsicht werden Sie wohl stoßen? Wenn Sie selbst bei Rot über Fußgängerampeln gehen, warum sollten dann die Kinder, welche zu den Erwachsenen aufsehen und sie als Vorbild wahrnehmen, dann auf Grün warten?

Nicht ganz so gefährlich oder unfallträchtig ist dieses absolut nervige in »zweiter Reihe« halten oder parken. Jeden Tag wiederholt und mehrfach zu beobachten. Wie so oft, haben es wieder viele eilig, zum Beispiel auf dem Weg zur Arbeit. Dann wird schnell noch mal beim Bäcker angehalten, um sich einen »Coffee to go« zu kaufen. Oder mal schnell zur Post rein und ein Päckchen aufgeben, oder, oder, oder. Anlässe um in zweiter Reihe zu parken gibt es viele. Es geht ja auch immer ganz schnell. Wenn man sich dann mal an so eine Straße stellt und mitzählt, wie viele andere Autos in dieser Zeit dort vorbeikommen und behindert werden, dann kann einem wieder schlecht werden. Aber das sieht ja der Verursacher in dem Moment nicht, der ist ja beim Bäcker oder in der Post. Dass dadurch alle anderen in der gleichen Spur jetzt zum Beispiel wegen Gegenverkehr warten müssen und/oder zu zwei zusätzlichen Fahrstreifenwechsel (nach links und zurück) genötigt werden, bekommt der Verursacher auch nicht mit.

Ich habe bei uns in der Zone 30 schon ein paarmal diese Falschparker auf ihr Fehlverhalten hingewiesen. Antworten wie: »Es geht ganz schnell«, oder: »Ich bin sofort wieder da« waren dann die harmloseren. »Kümmere dich um deinen eigenen Schei…« ist auch schon gefallen, genauso wie die Frage: »Was geht es dich an?!« Eine ganze Menge, aber nicht nur mich.

Es geht nicht nur mich etwas an, sondern vielmehr uns alle. Durch das falsch parkende Auto müssen andere abbremsen und, wenn der Gegenverkehr es zulässt, wieder anfahren oder beschleunigen. Dies kostet den Betroffenen Zeit. Pro Falschparker vermutlich nur Sekunden. Es kostet den

Betroffenen Geld durch Mehrverbrauch. Pro Falschparker vermutlich nur Cent-Beträge. Es bedeutet erhöhten Schadstoffausstoß. Pro Falschparker vermutlich nur geringfügig. Aber die Masse macht es. Haben Sie, lieber Leser, schon mal gesehen, dass jemand in »zweiter Reihe« angehalten oder geparkt hat? Mal ehrlich, das wird doch fast schon als normal angesehen. Wir haben mit den Kollegen mal grob überschlagen, dass jeder von uns pro Arbeitstag in der Summe ungefähr 15 Minuten dadurch verliert. Bei drei Fahrlehrern ergibt das 45 Minuten zu (derzeit) 39 Euro. Bei 220 Arbeitstagen sind das 8580 Euro. Nun sind nicht alle so häufig mit dem Auto in der Stadt unterwegs wie wir, aber die Masse macht es.

Dem Gesetzgeber sind die Nachteile des Parkens in »zweiter Reihe« bekannt und daher ist es verboten. Nun habe ich aber auch schon gesehen, dass Polizeiwagen teilnahmslos an diesen Verkehrssündern vorbeifahren, als wenn das Verhalten richtig oder normal wäre. Jeder, der das beobachten kann, wird sich denken: Ist dann wohl nicht so schlimm.

Mir geht es in diesem Fall mehr ums Prinzip als um Bestrafung. Die Polizei könnte, statt einfach vorbeizufahren auch kurz anhalten, den Fahrer auf den Fehler hinweisen und zur Weiterfahrt auffordern. Jeder, der diesen Vorgang dann beobachtet, wird beim nächsten Mal in ähnlicher Situation das Halten oder Parken in zweiter Reihe vermeiden. So könnte man Hunderte von Beispielen bringen.

Polizisten könnten mit ganz geringem Aufwand die Entwicklung und die Einstellungen im Straßenverkehr erheblich beeinflussen. Zum einen dadurch, dass sie sich selbst an die Regeln halten und als Vorbild und Multiplikator fungieren. Zum anderen dadurch, dass erkanntes Fehlverhalten nicht einfach ignoriert wird. Beides scheint offensichtlich für viele Polizisten nicht so einfach zu sein.

Ich will mal unterstellen, dass sie es nicht mit Absicht oder Vorsatz machen. Aber ich bin sicher, dass diese auch bei Polizisten verbreitete Gedankenlosigkeit bei der Teilnahme im Straßenverkehr weit von einer Vorbildfunktion entfernt ist.

Wie sollen wir Fahrlehrer den Fahrschülern nachhaltig verständlich machen, was richtig und was falsch ist, wenn die Ordnungshüter sich selbst nicht an die Verkehrsregeln halten? Das ist dann schon besonders schwer. Also habe ich, weil ich gerne Briefe aufsetze und viel Langeweile habe (Ironie), an die Polizei geschrieben. Diese hat mein Schreiben vorsichtshalber ignoriert und nicht beantwortet. Also habe ich an das Bundesinnenministerium in Berlin als oberste Vorgesetzte der Polizei geschrieben und meine Erfahrungen mitgeteilt. Daraufhin wurde ich zu einem Gespräch eingeladen. In diesem Gespräch gab es natürlich erst mal diverse »plausible« Ausreden: Es könnten ja auch verdeckte Einsatzfahrten gewesen sein, bla, bla, bla. Abschließend wurde ich gefragt, ob ich denn einen Vorschlag hätte, was man tun könnte. Ich habe dann vorgeschlagen, dass man im Sichtfeld des Fahrers einen roten oder grünen Aufkleber mit den Worten »Vorbild sein, an die StVO halten« anbringen könnte. So wie bei machen Autos diese Warnschilder für die Winterreifen, dass man mit ihnen zum Beispiel höchstens 190 km / h fahren darf. Mit Sichtfeld habe ich natürlich das Armaturenbrett gemeint, also neben dem Tacho oder Radio.

Ich habe dann ein Schreiben erhalten, in dem sich die Polizei für das konstruktive Gespräch bedankt hat. Sie haben mich aber auch darum gebeten, Verständnis dafür zu haben, dass man insbesondere wegen notwendiger Einsatzfahrten nicht das Sichtfeld des Fahrers mit Aufkleber versperren könnte. Haben die wirklich geglaubt, dass ich mit Sichtfeld mitten auf der Windschutzscheibe meinte? Wie naiv waren doch meine Gedanken, vielleicht etwas bewirken oder ändern zu können.

Das Beste an den ganzen Bemühungen war der Kaffee, der mir in dem Gespräch serviert wurde. Es fühlt sich schon sehr blöd an, so hilflos, als wenn man seinen Kindern versucht etwas zu erklären und diese es einfach nicht verstehen wollen. Dann glaubt man, man hat es mit Erwachsenen zu tun, mit Fachleuten, welche auch einen Beruf gewählt haben, um für Recht und Ordnung zu sorgen, welche aufpassen und helfen wollen, bietet seine Unterstützung an und wird dann wie ein Angreifer, der etwas Böses will, abgewiesen. Aber ich bin sicher, dass viele Polizisten sich ihrer Verantwortung als Vorbild auch im Straßenverkehr sehr wohl bewusst sind, leider nicht alle.

Mir liegt besonders viel an den unerfahrenen Fahranfängern. Leider orientieren diese sich eben auch an den Kraftfahrern, welche sich nicht an die Regeln halten, insbesondere natürlich auch an Polizeiwagen. Ich wünsche mir, dass die Fahranfänger ihren Fahrstil auf der Grundlage des in der Fahrschule richtig Gelernten festigen. Wenn sich ein falscher Fahrstil erst mal gefestigt hat, ist es außerordentlich schwer, diesen wieder zu korrigieren. Und auch wenn viele sich falsch verhalten, wird es dadurch nicht richtiger!

Immer wieder fragen mich die Fahrschüler: Warum soll ich das so oder so machen, das macht die Polizei doch auch nicht richtig?! Auf diese Frage fehlt uns Fahrlehrern meist die richtige Antwort. Da ich einige Polizeibeamte persönlich kenne, habe ich sie auch schon mal weitergegeben. Dann kommen Antworten wie zum Beispiel: »... na ja, so in etwa oder meistens halten wir uns schon an die Verkehrsregeln.« Was genau heißt jetzt »so in etwa oder meistens«???

Ich denke, auch hier geht es um eine gewisse Wertschätzung. Wertschätzung gegenüber bestehenden Gesetzen und Regeln. Wenn ich nicht schneller als 50 km/h in der Ortschaft fahren darf, dann darf ich das eben nicht. Auch nicht mal kurz oder auch nicht nur ein bisschen.

Seit geraumer Zeit ist das Rauchen in öffentlichen Gebäuden verboten. Punkt. Stellen Sie sich vor, Sie sind Nichtraucher, sitzen im Restaurant und ich sitze neben Ihnen und stecke mir eine Zigarette an. Sie sprechen mich darauf an und ich antworte: »Ich rauche nur eine und auch nur ganz selten im Restaurant.« Auf wie viel Verständnis stoße ich da bei Ihnen? Nach dem Restaurantbesuch setzen Sie sich ins Auto und fahren 52 km/h statt den erlaubten 50. Wo ist da jetzt der Unterschied? Erstens, im Auto können Sie nicht direkt angesprochen werden. Zweitens, auch ein Polizist würde sich im Restaurant keine Zigarette anstecken. Warum nur können wir Menschen uns im Auto nicht an die Regeln halten? Die Folgen sind in beiden Fällen inakzeptabel. Aber es sterben mehr Menschen, weil sich viele nicht an die Geschwindigkeiten halten können, als am passiven Rauchen. Ich bin mir sicher, dass wenn sich mehr Polizisten als Vorbild an die Gesetze im Straßenverkehr halten würden, auch viele andere diesem guten Beispiel einfacher folgen könnten.

Die Geschwindigkeit

Unter Fachleuten ist bekannt, dass nicht nur zu schnelles Fahren gefährlich ist, sondern vielmehr auch die erheblichen Geschwindigkeitsunterschiede. Stellen Sie sich mal vor, dass auf einer Autobahn alle einheitlich 100 km / h fahren. Niemand schneller und niemand langsamer. Es würde niemand überholen, es würde niemand den Fahrstreifen wechseln müssen, niemand bräuchte beschleunigen oder abbremsen. Es gäbe keine Unfälle durch Fahrstreifenwechsel, es gäbe keine Auffahrunfälle und wir hätten wesentlich weniger Staus. Es würden aber auch alle für die gleiche Strecke die gleiche Zeit benötigen. Und da haben wir wieder das leidige Problem: Der Zeitfaktor! Viele fahren zu spät los und versuchen die Zeit auf der Straße wieder gutzumachen. Sie sind quasi dazu gezwungen schneller zu fahren, weil sie ja trotzdem pünktlich ankommen wollen.

Und durch diese wenigen Personen, welche nicht willens oder in der Lage sind pünktlich loszufahren, geht das Gedrängel los. Wenn nun ein Kraftfahrer in der linken Spur sich durch diesen Drängler beunruhigt fühlt und in die rechte Spur wechselt, dann muss zum Herstellen des Sicherheitsabstands in der rechten Spur abgebremst oder zumindest die Geschwindigkeit verringert werden. Verringert einer die Geschwindigkeit, müssen dies natürlich auch alle Folgenden tun. Und wenn nun nur jeder Zweite nicht ganz so aufmerksam ist und etwas verzögert die Geschwindigkeit verringert, muss er dieses sehr viel abrupter tun. Hierdurch entsteht ein »Ziehharmonika-Effekt«: Die Fahrzeugschlange bewegt sich wie ein Regenwurm. Schauen Sie sich ruhig mal an, wie sich ein Regenwurm bewegt. Es gibt Körperteile, die sich auseinanderdrücken und fortbewegen und andere Teile des Körpers, welche sich zusammenziehen und dadurch langsamer sind und zum Stehen kommen (Stau). So bewegen sich die Fahrzeugschlangen auf den Straßen, weil es immer wieder Verkehrsteilnehmer gibt, welche schneller sein wollen als die anderen.

Richtig deutlich wird es auf den Autobahnen, kurz vor einer Baustelle, an der die Geschwindigkeit zum Beispiel auf 80 km / h begrenzt wird. Durch das ungleichmäßige Herunterbremsen entsteht unmittelbar vor einer Baustelle ein mehr oder weniger langer Rückstau. Nicht immer kommt der Verkehr zum Stehen, ist aber oft viel langsamer als die erlaubten 80 km / h.

Wenn dann alle auf Höhe der Baustelle sind, fließt der Verkehr wieder recht gleichmäßig mit ca. 80 km/h. Dies kann man mit der Fortbewegung eines Tausendfüßlers vergleichen. Im Gegensatz zum Regenwurm bewegt dieser sich sehr gleichmäßig ohne Ziehharmonika-Effekt, da er alle Füße (es sind übrigens keine 1000, vielmehr bis zu ca. 750, je nach Art) gleichmäßig, zur selben Zeit und mit derselben Geschwindigkeit bewegt. Nun ist der Tausendfüßler auch mit 750 Füßen nicht besonders schnell, aber immer noch schneller als der Regenwurm. Bedeutet, je gleichmäßiger der Verkehr mit einer einheitlichen Geschwindigkeit rollt, umso schneller und sicherer kommen *alle* vorwärts. Dies ist unter anderem ein Grund dafür, dass an den meisten Tunnelanlagen auf den Autobahnen die Geschwindigkeit herabgesetzt und für alle einheitlich geregelt wird. Man will vermeiden, dass im Tunnel überholt wird oder häufiger als unbedingt notwendig die Fahrstreifen gewechselt werden, um das Risiko eines Unfalls im Tunnel zu minimieren.

Nun können natürlich nicht alle 100 km/h fahren, denken wir insbesondere an die Lkw oder Pkw mit Anhänger. Aber zurzeit ist bei uns auf der Autobahn alles, von 60 km/h bis über 300 km/h erlaubt. Eine Geschwindigkeitsdifferenz von über 240 km/h. Das muss erst mal beschleunigt und wieder abgebremst werden. Wahnsinn!

Warum reduziert man nicht diese Spanne auf zum Beispiel 80 bis 130? Es würden sich die erheblichen Beschleunigungs- und Abbrems- sowie Überholmanöver reduzieren.

Für uns Fahrlehrer, die meisten zumindest, ist schon lange unverständlich, warum Deutschland eines der letzten Länder ist, in denen die Geschwindigkeit auf der Autobahn nicht einheitlich begrenzt wird, so wie in allen anderen Ländern der Erde auch. Oft wird damit argumentiert, dass die Existenz von bestimmten Automobilmarken gefährdet sei. Das ist völliger Quatsch. Porsche zum Beispiel baut ungefähr 150.000 Autos im Jahr, von denen nur knapp 18.000 Stück in Deutschland verkauft und zugelassen werden. Fast 90 % von diesen schnellen Autos werden in Länder verkauft, in denen nicht schneller als 130 km/h gefahren werden darf. Ebenso wie der in Italien gebaute Ferrari. Nur ca. 10 % der Sportwagenmarke werden nach Deutschland verkauft, in das fast einzige Land, wo man dieses Auto auch mal schnell fahren dürfte.

Aber auch für Fahrzeuge, welche langsamer fahren, ist es auf unseren Autobahnen sehr gefährlich. Ich bin selbst mal auf einem 80er-Roller mit 85 km/h über die Autobahn nach Hause gefahren. Eigentlich zwei Mal, das erste und letzte Mal. Sonst eher selten, aber auf der Fahrt habe ich richtig Angst bekommen! Angst, von anderen abgeschossen zu werden.

Unseren Fahrschülern versuchen wir immer Folgendes zu vermitteln: *Schneller als andere zu fahren ist gefährlich, aber langsamer als die anderen kann auch problematisch werden.* Auf der Autobahn ganz besonders dann, wenn der Beschleunigungsstreifen nicht zum Beschleunigen benutzt wird. Hier können immer wieder die gleichen Fehler beobachtet werden. Übrigens, wir Fahrlehrer fanden den Begriff »Beschleunigungsspur« gar nicht so schlecht, drückt er doch schon mit seinem Namen das richtige Verhalten aus. Diesen Begriff haben aber die Politiker und Fachleute im letzten Jahr abgeschafft, diese Spuren heißen jetzt Einfädelspur und Ausfädelspur (vorher Verzögerungsspur) …? Absolut unverständlich.

Jedenfalls ist es für jeden gefahrlos möglich, von der Einfädelspur auf die Autobahn zu wechseln, wenn man vorher auf die gleiche Geschwindigkeit beschleunigt, die auch auf der Autobahn gefahren wird. Dann ist man nämlich genauso schnell, wie sich die Lücken zwischen den einzelnen Fahrzeugen auf der Autobahn bewegen, welche man zum Wechseln benötigt. Wenn man dann diesen Vorgang auch noch rechtzeitig und deutlich für andere anzeigt, können diese gegebenenfalls helfen. Mit anzeigen meine ich das Blinken. Der Blinker wird oft unmittelbar zum Wechseln eingeschaltet. Dann ist es aber zu spät. Der Blinker ist eine Kommunikationsmöglichkeit unter den Autofahrern und per Verkehrsordnung rechtzeitig und deutlich (vorher) zu benutzen. Nur wenn man rechtzeitig blinkt, können andere erkennen, worum es geht und mitmachen. Viele Autofahrer meinen aber, wenn sie niemanden sehen, brauchen sie ja auch nicht zu blinken. FALSCH! Gerade dann wäre es umso wichtiger. Nicht selten fahren manche mit nur 50, 60 oder 70 km/h auf dem Beschleunigungsstreifen der Autobahn, um dann ohne ausreichende Beschleunigung in den Fahrstreifen der Autobahn nach links zu wechseln. Von hinten kommt ein Kraftfahrer mit erlaubten 120 km/h und muss seine Geschwindigkeit unvermittelt stark drosseln. Wenn nun der Darauffolgende die Situation nicht erkannt hat, ist er auch auf ein starkes Abbremsen nicht vorbereitet und ein Auffahrunfall ist vorprogrammiert. Dasselbe gilt für diejenigen, welche dann dem Auffahrenden helfen wollen und mit 120 km / h auf die linke oder mittlere Spur wechseln. Da dieser Vorgang schnell gehen muss, bleibt außerdem für die ausreichende Beobachtung und eben das rechtzeitige Anzeigen (blinken) nicht genügend Zeit und der von hinten mit erlaubten 180 km / h Ankommende hat wiederum das gleiche Problem mit dem unverhofft starkem Abbremsen.

Noch interessanter wird es, wenn der Fahrer auf der Einfädelspur sich nicht sicher ist und sogar anhält. Auch das habe ich schon erlebt, da man ja den Standstreifen nicht als verlängerte Einfädelspur nutzen darf. Hier ist aber die Gefahr ganz besonders groß. Wenn nun mehrere auf die Autobahn auffahren wollen, dann ist die Beobachtung auf der Suche nach der richtigen Lücke eher nach hinten – über die Spiegel oder sogar über die Schulter – gerichtet. Wenn nun entsprechend beschleunigt wird, wie es ja auch richtig ist, und der Vordermann sich aber entscheidet anzuhalten, steigt die Gefahr eines Unfalls. Also, die Beschleunigungsspur richtig zum Beschleunigen nutzen, rechtzeitig mit dem Blinker das Vorhaben den anderen anzeigen und wenn nötig lieber über den Standstreifen ein paar Meter weiterbeschleunigen, als auf der Beschleunigungsspur stark abzubremsen oder anzuhalten.

Wenn man nun das immer höher werdende Verkehrsaufkommen berücksichtigt, hätte eine einheitliche Geschwindigkeitsbegrenzung auf der Autobahn eine weitere positive Begleiterscheinung. Wenn nur wenig Verkehr ist, können entsprechend höhere Sicherheitsabstände eingehalten und auch entsprechend schneller gefahren werden. Je größer aber das Verkehrsaufkommen, umso weniger Platz bleibt für Sicherheitsabstände. Fazit, wenn immer mehr Kraftfahrzeuge auf die Autobahn wollen und passen sollen, haben wir nicht mehr den Platz für ausreichende Sicherheitsabstände bei hohen Geschwindigkeiten. Also runter mit der Geschwindigkeit, und automatisch ist mehr Platz für Kraftfahrzeuge und die notwendigen Lücken zwischen ihnen.

Noch problematischer stellen sich wechselnde Geschwindigkeiten dar. Es gibt Strecken ohne Beschränkung auf der Autobahn, dann kommt ein Tunnel oder Autobahnkreuz, die Geschwindigkeit wird reduziert, zum Beispiel auf 120 km / h, kurz darauf auf 80 km / h, dann wieder 100 km / h, kurzfristig wieder aufgehoben, um wieder auf 120 km/h zu reduzieren. Das alles auf einer recht kurzen Strecke von wenigen Kilometern. Auch hier könnte man viele Beschleunigungs- und Bremsmanöver durch eine bessere Planung und Geschwindigkeitsregulierung vermeiden und den Verkehr sicherer machen. Gerade um München herum kenne ich mich recht gut aus. Fährt man aus München Richtung Westen raus auf die A8, ist unmittelbar nach Ortsende keine Geschwindigkeitsbegrenzung. Hier ist absolutes Beschleunigen erlaubt. Wenige Kilometer weiter ist eine Unterführung und die Geschwindigkeit wird auf 80 km/h runtergebremst. Wenige Meter nach der Unterführung ist wieder das Maximum an Geschwindigkeit erlaubt, um dann wenige Kilometer weiter wieder auf 120 km/h zu begrenzen. Die hier provozierten Beschleunigungs- und Abbremsmanöver verursachen unnötige Umweltbelastungen und fördern schon gar nicht die Sicherheit im Straßenverkehr.

Noch extremer finde ich die A995 vom Autobahnkreuz Süd Richtung München. Hier stehen auf einer Strecke von ca. 9,4 km 46 Geschwindigkeitsschilder und es wird sieben Mal die Geschwindigkeit rauf- beziehungsweise runtergesetzt. Also alle 1,3 km. Zusätzlich macht es einen Unterschied, ob hier am Tage oder zwischen 22 und 6 Uhr gefahren wird. Ich vermute, dass derjenige, der dies so entschieden hat, diese Strecke noch nie selbst gefahren ist. Es würde mich auch nicht wundern, wenn es die gleiche Behörde ist, welche keine Ahnung vom Ende eines Streckenverbots (siehe oben) hat.

Ich habe mal versucht, Unfallstatistiken über diese Bereiche um das Autobahnkreuz A8 Süd bei München zu bekommen. Leider ohne Erfolg. Fakt ist, dass dieser Autobahnabschnitt zugegebenermaßen ein Nord-Süd-Nadelöhr ist und auch täglich in den Verkehrsnachrichten genannt wird. Warum nur diese permanenten Geschwindigkeitswechsel, an die sich kaum einer hält? Warum nicht den Ring A99 grundsätzlich mit maximal 120 km/h ausschildern, bei Bedarf auch niedriger und je näher man über die A8 oder A995 nach München kommt, erst auf 100 km/h, dann auf 80 km/h und kurz vor Ortseingang auf 60 km/h den Autobahnverkehr entschleunigen? Ähnlich, wie es doch auch auf der A95 und A96 praktiziert wird. Auch hier sitzen nach meinem Dafürhalten absolut unfähige Entscheider auf den Plätzen!

Nun waren das bis hier viele Beispiele mit Gründen und Ursachen für Unfälle im Straßenverkehr, wo die Gesetzgeber, Planer und Entscheider im

Straßenverkehrsbereich Einfluss haben und auch Bedarf und Möglichkeiten zum Nachbessern vorhanden sind.

Allerdings ist auch klar, dass alle Regeln und Verkehrseinrichtungen die Verkehrssicherheit nur dann erhöhen, wenn sie von den Verkehrsteilnehmern auch wahrgenommen, berücksichtigt oder eingehalten werden. Und schon sind wir wieder bei dem Faktor »Mensch« bzw. Verkehrsteilnehmer. Und hier steckt tatsächlich das größte Risikopotenzial, aber auch die beste Möglichkeit, die Sicherheit im Straßenverkehr zu erhöhen.

Warum nur fällt es so vielen Verkehrsteilnehmern so unendlich schwer, sich an die in der Straßenverkehrsordnung gesetzlich geregelten Höchstgeschwindigkeiten zu halten? Natürlich, es bedarf ein wenig Hirn, Charakter und Verantwortungsbewusstsein. Einfach den rechten Fuß durchzutreten, kann man vermutlich jedem Affen beibringen. Um sich nicht an Regeln zu halten, benötigt man genauso viel oder wenig Hirn wie ein Herr Jörg Pilawa, wenn er behauptet: »Entweder man hat Punkte in Flensburg, oder man ist ein Verkehrshindernis!«

Oder sind doch wir Fahrlehrer schuld? Ist unsere Ausbildung der Grund dafür, dass täglich zehn Menschen im Straßenverkehr sterben?

Im Folgenden gehe ich auf die Ausbildung und den Kraftfahrer ein. Viel Spaß.

Die Führerscheinausbildung

Mehrfach habe ich schon das notwendige Miteinander im Straßenverkehr angesprochen. Miteinander ist man aber auch nur erfolgreich, wenn man sich ein wenig kennt. Wie beim Gesellschaftsspiel oder beim Fußball. Wenn eine Fußballmannschaft gut spielen und gewinnen will, ist es notwendig, dies als Team zu tun. Team bedeutet, dass sich die Spieler untereinander kennen. Sie kennen nicht nur die Stärken, sondern auch die Schwächen des anderen. Aber nicht nur von der eigenen Mannschaft, sondern auch von den anderen Spielern. Je besser ich alle Mitspieler kenne, desto erfolgreicher kann man das Spiel durchführen.

Wie gut kennen wir denn unsere Mitspieler im Straßenverkehr? Eigentlich überhaupt nicht! Wenn wir nun davon ausgehen, dass alle Führerscheininhaber die »gleiche« Ausbildung hatten und die »gleiche« Führerscheinprüfung bestanden haben, ist das schon der erste Fehler. Wir Kraftfahrer sind so unterschiedlich, wie Menschen es nur sein können. Wir kommen mit unterschiedlichen Voraussetzungen in die Fahrausbildung, wir haben unterschiedlich gute Fahrlehrer, wir haben in unterschiedlichen Gegenden das Fahren gelernt und haben unterschiedliche Vorbilder, an denen wir uns orientieren. Aber fangen wir mal mit der Fahrausbildung an.

Es gibt Fahrschüler, die sind sogar schon »schwarz« gefahren, haben also ihre ersten Erfahrungen gemacht. Manche fahren schon seit der Kindheit mit den Eltern regelmäßig mit und haben sich bereits das ein oder andere abgeschaut oder erfragt. An vielen Fahrschülern kann man sogar ganz deutlich den Fahrstil und oder auch die Einstellungen der Eltern erkennen. Dies sowohl positiv als auch negativ.

Andere Fahrschüler wiederum kommen in die Fahrschule und hatten noch nie besonderes Interesse am Fahren von Kraftfahrzeugen. Somit ist auch die Motivation der Fahrschüler ganz unterschiedlich. Auf dem Land bedeutet der Führerschein Mobilität. In der Großstadt benötige ich dafür eher die Jahresfahrkarte für die öffentlichen Verkehrsmittel. Am einfachsten ist die

Ausbildung, wenn man etwas Neues vermittelt. Schwieriger ist es, etwas Erlerntes (wenn es nicht ganz so richtig ist) zu verändern.

Die theoretische Ausbildung

Jetzt geht die Ausbildung los. In der Regel beginnt der Fahrschüler mit den theoretischen Unterrichtseinheiten in der Fahrschule. Schon diese sind ganz verschieden aufgebaut. Unterschiedlich sind die Fahrlehrer als Referenten, unterschiedlich die Ausbildungsmittel wie Beamer oder auch noch Overhead-Projektor, Flipchart oder Whiteboard usw. Es gibt sogar Fahrschulen, bei denen im theoretischen Unterricht, obwohl verboten, nur Fragebögen geübt werden. Im Theorieunterricht sollen die wichtigsten Grundlagen rein begrifflich erörtert werden. Wenn der Fahrschüler erst mal im Auto sitzt, sich schon ein wenig verantwortlich fühlt, dann wird er sich auf das vom Fahrlehrer gesprochene Wort nicht mehr so konzentrieren können wie es im Unterricht möglich war. Vor diesem Hintergrund ist der theoretische Unterricht als Grundlage besonders wichtig. Hier hat der Fahrlehrer die Möglichkeit, nicht nur die Fakten zu lehren, sondern vielmehr auch Tipps aus der Praxis für die Praxis zu geben. Viele wissen es nicht einmal, aber im Unterricht wird auch nicht unerheblich die Einstellung der Fahrschüler geprägt. Natürlich auch unterschiedlich, je nach Einstellung des Fahrlehrers. Spätestens jetzt wird es deutlich, dass hier die Qualität der vermittelten Grundlagen genauso verschieden ist, wie es eben auch ganz unterschiedliche Fahrlehrer gibt.

Wenn ein Fahrschüler sich zum ersten Mal in einer Fahrschule anmeldet und nach erfolgreicher Ausbildung auch die Prüfung beim ersten Anlauf besteht, dann ist das für ihn natürlich die beste Fahrschule der Welt, der Fahrlehrer und auch der Prüfer sind super. Dies ist verständlich, hat doch der »neue« Fahrerlaubnisinhaber auch keine Vergleichsmöglichkeit.

Dann gibt es aber auch Fahrschüler, welche einen weiteren Führerschein erwerben wollen und Fahrschüler, welche von einer anderen Fahrschule wechseln. Nur am Rande, das Wechseln der Fahrschule ist für jeden Fahrschüler zu jedem Zeitpunkt ohne Angabe von Gründen möglich. Es muss ja auch so sein, damit bei einem Umzug in einen anderen Ort die angefangene Ausbildung am neuen Wohnort fortgeführt werden kann.

Und diese Fahrschüler sind mir die liebsten, denn sie haben schon eine oder mehrere andere Fahrschulen kennengelernt. Von diesen Fahrschülern habe ich schon Geschichten gehört, die ich mich nicht traue hier zu berichten. Vieles ist natürlich auch subjektiv, aber wie sagt man immer: »Ein bisschen Wahrheit ist in jeder Aussage!«

Und noch einmal, ja, die meisten Fahrschulen machen einen guten und verantwortungsbewussten Job. Die meisten ja, aber eben nicht alle! Und so kommt es auch, dass in manchen Fahrschulen im theoretischen Unterrichten »nur« Fragebögen geübt werden, oder, wie ein Fahrschüler berichtet hat, Youtube-Videos ganz modern über Beamer gezeigt werden. Ich persönlich halte diese 14 Doppelstunden à 90 Minuten für extrem knapp, um die wichtigsten Dinge zu vermitteln. Unsere Fahrschüler werden sich jetzt erinnern, dass ich in der Regel mit meiner Zeit nicht immer ganz ausgekommen bin. Wenn man überlegt, wie umfangreich die Regeln und Gesetze im Fahrerlaubnisrecht und insbesondere in der Straßenverkehrsordnung mit all ihren Besonderheiten und auch Ausnahmen sind, dann wird schnell deutlich, dass man tatsächlich in 14 Doppelstunden nur die wichtigsten Grundlagen vermitteln kann.

Auf der anderen Seite zahlt ein Fahrschüler ja auch nicht wenig Geld dafür, dass ihm gerade auch in der theoretischen Ausbildung zumindest die wichtigsten Grundlagen ausreichend vermittelt werden. Wenn dann also diese Zeit für andere Dinge genutzt wird, grenzt das für mich an Betrug gegenüber dem zahlenden Fahrschüler.

Und nun zur praktischen Fahrausbildung. Hier sind die Unterschiede der Fahrschulen bzw. Fahrlehrer noch gravierender.

Die praktische Fahrausbildung zum guten Fahrstil

Wenn ein Fahranfänger mit der praktischen Fahrausbildung beginnt, projektiert der Fahrlehrer in den ersten Stunden seinen eigenen Fahrstil auf den Schüler. Dadurch, dass der Fahrlehrer in den ersten Stunden jede Handlung und Tätigkeit vorgibt – »jetzt Kupplung treten oder kommen lassen, jetzt im ersten Gang fahren, jetzt Gas geben oder jetzt langsamer, jetzt schon den Verkehr hinten beobachten, jetzt den Kontrollblick über die Schulter« usw. –, lernt der Fahranfänger die Grundlagen des Fahrstils von seinem Lehrer. Nun kann man nur hoffen, dass dieser Fahrlehrer einen »guten Fahrstil« hat, denn nur dann kann er die Grundlagen eines vorbildlichen Fahrstils weitergeben. Leider gibt es auch unter den Fahrlehrern »schwarze Schafe«, aber dazu später mehr.

Erst, wenn die Grundlagen angelegt sind, beginnt der Fahrschüler einen eigenen Fahrstil zu entwickeln. Dieser wird dann zur praktischen Prüfung so optimiert, dass die Grundlagen ausreichen, um nach bestandener Prüfung ohne Fahrlehrer weiter üben und Erfahrungen sammeln zu können.

Hier einmal die Ziele und Inhalt der Fahrausbildung gemäß der Fahrschülerausbildungsordnung, also gesetzliche Vorgabe:

§1, Abs. 1
Ziel der Ausbildung ist die Befähigung zum sicheren, verantwortungsvollen und umweltbewussten Verkehrsteilnehmer. Ziel der Ausbildung ist außerdem die Vorbereitung auf die Fahrerlaubnisprüfung.

Abs. 2
Die Ausbildung hat ein Verkehrsverhalten zu vermitteln, das Fähigkeiten und Fertigkeiten, um das Fahrzeug auch in schwierigen Verkehrssituationen zu beherrschen,

Kenntnis, Verständnis und Anwendung der Verkehrsvorschriften,

Fähigkeiten und Fertigkeiten zur Wahrnehmung und Kontrolle von Gefahren einschließlich ihrer Vermeidung und Abwehr,

Wissen über die Auswirkungen von Fahrfehlern und eine realistische Selbsteinschätzung,

Bereitschaft und Fähigkeit zum rücksichtsvollen und partnerschaftlichen Verhalten und das Bewusstsein für die Bedeutung von Emotionen beim Fahren und

Verantwortung für Leben und Gesundheit, Umwelt und Eigentum

einschließt.

Mit dem Bestehen der praktischen Prüfung und der Aushändigung des Führerscheins sollten nun die oben genannten Grundlagen vermittelt und die ersten Automatismen angelegt sein. Nicht mehr, aber eben auch nicht weniger. Jetzt erst beginnt ein Kraftfahrer seinen eigenen Stil zu entwickeln. Einen der Fahrstile, die wir jeden Tag vor, hinter und neben uns beobachten können. Wenn Sie nicht sowieso schon darauf achten, was um Sie herum so unterwegs ist, dann tun Sie es doch mal. Welche verschiedenen Fahrstile kann man im Straßenverkehr sehen? Von rücksichtsvoll und partnerschaftlich über sportlich-rasant bis zum aggressiven Einzelkämpfer ist alles vertreten.

Bei dem neuen System des begleiteten Fahrens ab 17 Jahren ist bei den ersten Fahrten eine Begleitperson dabei, und es wird in der Regel der vom Fahrlehrer angelegt Stil weiter gefestigt. Wenn aber der Fahranfänger ohne erfahrenen Beifahrer seine ersten Fahrten durchführt, wird der Fahrstil durch verschiedene andere Einflüsse geprägt. Da sind die Eigenschaften, die schon zum Beispiel beim Fahrstil der Eltern abgeschaut wurden. Diese müssen nicht immer richtig sein. Im Gegenteil, viele ältere Kraftfahrer fahren heute noch so, wie vor vielen Jahren gelernt. Aber der Straßenverkehr hat sich verändert. Um sich gut und verkehrsgerecht im Straßenverkehr zu verhalten, ist es unumgänglich, seinen Fahrstil auch den Veränderungen im Straßenverkehr anzupassen. Insbesondere sei hier die Zunahme der Verkehrsteilnehmer zu nennen. Aber auch die gesellschaftliche Entwicklung, welche sich durch den immer weiter steigenden Leistungsdruck ebenfalls auf den Stress im Straßenverkehr auswirkt, ist nicht zu unterschätzen und kann eine Anpassung des Fahrstils notwendig machen. Es werden aber auch Fahrstile und Vorbilder im Fernsehen abgeschaut. Sei es bei »Alarm für Cobra 11« oder »The Fast and the Furious«, um nur beispielhaft zwei zu nennen. Auch hier ist ein guter Fahrlehrer aufgefordert, die Unterschiede zwischen Drehbüchern, Filmen und der Realität zumindest anzusprechen oder aufzuzeigen.

Die Fahrlehrer

Wie umfangreich und verantwortungsvoll die Aufgaben der Fahrschulen und insbesondere der Fahrlehrer sind, ist nun aus Vorgenanntem vielleicht schon etwas deutlicher geworden. Und wie gut nun ein Fahrschüler nach der Prüfung aus der Fahrschule entlassen beziehungsweise für den Straßenverkehr »freigegeben« wird, hängt ganz erheblich davon ab, wie verantwortungsbewusst die Fahrschule oder der Fahrlehrer seine Aufgaben erfüllt. Nun fragen Sie sich, wie das gemeint ist.

Fahrlehrer sind auch nur Menschen (denkt man gar nicht, ist aber wahr) und Menschen sind und fahren alle unterschiedlich. So wie in jeder Branche gibt es auch hier die »schwarzen Schafe«. Soll nicht heißen, dass es Fahrlehrer gibt, die bewusst etwas Falsches lehren. An dieser Stelle meine Bitte an alle Kolleginnen und Kollegen: Ich werde hier meine persönlichen Erfahrungen beschreiben und die so ehrlich wie möglich. Ziehe sich bitte jeder den Schuh an, der ihm passt.

Beispiel: Es hat sich vor Jahren ein Fahrlehrer bei mir beworben. Da die Vermittlung des richtigen Fahrstils die Hauptaufgabe eines Fahrlehrers ist, wollte ich mir den Fahrstil dieses Mannes, wie ich das bei allen meinen Bewerbern mache, ansehen. Hierzu sind wir in unserem Prüfgebiet gefahren, welches dem Fahrlehrer (Bewerber) bekannt war. Nach nur fünf Minuten war klar: Ich möchte nicht, dass auch nur ein Fahrschüler mal genauso fährt. Ich habe den Bewerber dann gebeten, einmal so zu fahren als ob er in einer Führerscheinprüfung wäre. Keine Chance! In der Stadt permanent ungefähr 10 km/h zu schnell, kein Kontrollblick über die Schulter beim Abbiegen! Auf der Autobahn keinen Sicherheitsabstand eingehalten, vom Rechtsfahrgebot abgewichen usw. Auch die Aufforderung, so zu fahren wie es auch vom Fahrschüler erwartet würde, ergab keine Änderung. Der Fahrlehrer war selbst nicht in der Lage, eine prüfungsreife oder verkehrgerechte Fahrweise zu zeigen.

Wie soll bitte dieser Fahrlehrer gute Fahrschüler ausbilden? Natürlich haben wir diesen Fahrlehrer dann nicht bei uns beschäftigt. Ich bin mir aber sicher, dass er in einer anderen Fahrschule weiterhin Schüler ausbildet. Und wenn Sie jetzt glauben, dass es sich bei diesem Fahrlehrer vermutlich um eine Ausnahme handelt, weit gefehlt. Beobachten Sie doch einfach mal Fahrschulwagen, wenn die Fahrlehrer selbst unterwegs sind.

Wir Fahrlehrer sind Multiplikatoren für die Sicherheit im Straßenverkehr. Nicht die einzigen, aber doch wesentlich in der Prägung der Grundlagen beim Fahrschüler. Nun wechseln Fahrschüler auch manchmal während der Ausbildung aus verschiedenen Gründen die Fahrschule. Dadurch haben wir schon häufig Fahrschüler aus anderen Fahrschulen kennengelernt und damit auch die Arbeit der anderen Fahrschulen.

Es haben schon Fahrschüler erzählt, wie toll es doch ist, wenn der Fahrlehrer sie von zu Hause abholt oder zum Sport oder Schule fährt oder fahren lässt. Ein Fahrschüler wechselte mal zu uns und berichtete, er würde immer die gleiche Strecke fahren, weil in der »alten« Fahrschule immer die Fahrschüler von Zuhause abgeholt und irgendwo hin gefahren wurden. Die Ausbildungsstrecken wurden aber nicht auf den Ausbildungsstand oder die notwendigen Ausbildungsinhalte geplant und durchgeführt. Hier hat der Fahrschüler für Taxifahrten seine Fahrstunden sehr teuer bezahlt.

Zwei weitere Fahrschüler, welche beide von der gleichen Fahrschule zu uns wechselten, erzählten unabhängig voneinander, dass sie die gesetzlich vorgeschriebenen Nachtfahrten (fahren bei Dämmerung und Dunkelheit) vormittags um 9 Uhr sowie nachmittags um 14 Uhr durchgeführt haben. Genau diesen Kraftfahrern begegnen wir nun bei Nacht mit einem Kraftfahrzeug auf der Straße, ohne dass sie dafür ausgebildet oder entsprechend vorbereitet wurden.

Fragen Sie doch mal jemanden, der sich an seine Führerscheinausbildung erinnern kann, wie oft Überholmanöver in der Stadt, auf der Landstraße oder Autobahn erklärt oder geübt wurden.

Den meisten Fahrschülern fallen diese Missstände gar nicht auf. Hauptsache, man hat am Ende des Tages den heiß begehrten Führerschein in der Hand. Wenn man überlegt, dass in die 45 Minuten Fahrstunde ja auch die Terminvereinbarung, das Bezahlen, Einstellen von Sitz und Spiegel, Vorbesprechung, Aus- und Einparken sowie die Abschlussbesprechung gehört, bleiben für die reine Fahrausbildung vielleicht noch 30 bis 35 Minuten. Im Schnitt zahlt ein Fahrschüler heute ca. 1 Euro pro Minute (!). Dann finden Fahrschüler es auch noch »cool«, wenn der Fahrlehrer mal an der »Pommesbude« oder Mc D... anhält und auf 'nen Kaffee einlädt. »Kurz mal eine Pause« macht 10 bis 15 Minuten. Den Fahrschülern kostet diese Zeit 10 bis 15 Euro, der Fahrlehrer hat eine willkommene und gut bezahlte Auszeit!

Natürlich ist es toll, wenn man seine eigene CD mitbringen und in der Fahrstunde die Lieblingsmusik hören darf. Durch Musik allerdings ist eine – wenn auch geringe – Ablenkung vorprogrammiert und es bleibt weniger von den Hinweisen des Fahrlehrers »hängen«. Aber egal, Hauptsache der Fahrschüler zahlt.

Das ist die zum Teil traurige Praxis. Ich könnte noch seitenweise weitere Beispiele bringen. Aber glauben Sie mir, die wollen Sie nicht wirklich alle wissen.

Auch bedingt durch Wettbewerb, Preiskampf, Zeitdruck usw. wird bei einigen Fahrschulen nach meinem Dafürhalten nicht verantwortungsbewusst genug ausgebildet. Und jetzt geht die Spirale los. Nun entscheidet sich ein Kraftfahrer, der entweder nie einen vernünftigen Fahrstil gelernt oder nach der Fahrausbildung auch wieder abgelegt hat, dazu, selbst Fahrlehrer zu werden. Da wird dann »der Bock zum Gärtner«.

Die Fahrlehrerausbildung

Wissen Sie, welche Ausbildung zum Fahrlehrer heute benötigt wird um Fahrschüler, spätere Kraftfahrer im Straßenverkehr, ausbilden zu dürfen?

Ruft mich doch vor ein paar Monaten eine Frau an und möchte sich als Fahrlehrerin bewerben. Auf meine Nachfrage, welche Fahrlehrberechtigungen und welche Erfahrungen sie hätte, antwortete sie ganz erstaunt: »Benötigt man eine Ausbildung dafür? Ich fahre halt gerne Auto und könnte mir gut vorstellen, mit Jugendlichen zu arbeiten und Fahrschüler auszubilden.«

Hmm? Mir fehlten, wie nur ganz selten, die Worte. Welches Bild hat man eigentlich von unserem Berufsstand?

Nun, eigentlich kann tatsächlich fast jeder Fahrlehrer werden. Man geht für fünf Monate zu einer Fahrlehrerausbildungsstätte. Dort wird man überwiegend theoretisch in den Fächern Pädagogik, Recht, Technik usw. ausgebildet und schließt mit einer recht umfangreichen schriftlichen Prüfung ab. Für die praktische Prüfung genügt es nachzuweisen, dass man in der Lage ist, einen Pkw mit einem Anhänger zu verbinden bzw. zu trennen und mit diesem Gespann vorschriftsmäßig durch den Straßenverkehr zu fahren. Den Abschluss bildet eine mündliche Prüfung und mit etwas Glück ist man Fahrlehrer! Allerdings nur befristet auf zwei Jahre. Innerhalb dieser zwei Jahre muss der befristete Fahrlehrer in einer »Ausbildungsfahrschule« ein mindestens viermonatiges »Praktikum« absolvieren. Ausbildungsfahrschule ist eine anerkannte Fahrschule mit einem eigens dafür ausgebildetem »Ausbildungsfahrlehrer«. Der Fahrlehrer im Praktikum muss nun den Ausbildungsfahrlehrer bei der theoretischen Ausbildung im Unterricht sowie der praktischen Ausbildung im Auto eine vorgeschriebene Anzahl von Stunden begleiten. Im Anschluss muss der Ausbildungsfahrlehrer die theoretische und praktische Ausbildung des Praktikanten begleiten. Erst jetzt darf der Fahrlehrer im Praktikum selbstständig und allein Fahrschüler ausbilden. Den Abschluss des Praktikums bilden zwei weitere Prüfungen. Nun muss der Fahrlehrer im Praktikum vor einer Prüfungskommission eine theoretische Unterrichtsstunde und eine praktische Fahrstunde zeigen. Nur wenn beide Prüfungen bestanden werden, ist der Praktikant ein unbefristeter Fahrlehrer.

Nun gibt es solche und solche Ausbildungsfahrlehrer. Leider sind einige unter ihnen, welche den Fahrlehrer im Praktikum als günstigen Fahrlehrer ansehen, da diese für einen geringeren Stundenlohn arbeiten. Und sie werden zum Teil ganz bewusst nicht besonders gut ausgebildet. Ich zitiere eine Aussage, die ich persönlich von einem Ausbildungsfahrlehrer gehört habe: »Ich bring doch dem Praktikanten nicht alles bei, ich produziere doch nicht meine eigene Konkurrenz, nur so viel, dass er die beiden Prüfungen besteht, mehr nicht.«

Welche hochqualifizierte Ausbildung benötigt nun eigentlich dieser »Ausbildungsfahrlehrer«? Für diese verantwortungsbewusste Aufgabe besucht man einfach ein Drei-Tage-Seminar mit Schwerpunkt »Rechte und Pflichten des Ausbilders und des Fahrlehrers im Praktikum«, fertig.

So, bevor nun sämtliche Kolleginnen und Kollegen sich zusammentun und mir mit dem Fahrlehrerverband voran die Hütte einrennen, Folgendes: Die vorgenannten Negativbeispiele sind selbstverständlich die Ausnahme und nicht die Regel, leider aber auch keine Einzelfälle.

Die meisten der Kollegen arbeiten genauso verantwortungsbewusst und gewissenhaft, wie es sich für eine gute Fahrschule und einen guten Fahrlehrer gehört. Ich befürchte nur, wenn wir der Fahrlehrer- und Fahrschülerausbildung nicht ebenso mehr Aufmerksamkeit schenken wie der Unfallstatistik, dann dreht sich die Spirale in die falsche Richtung. Oberflächliche Ausbildung von Fahranfängern, welche oberflächlich zum Fahrlehrer ausgebildet werden, dann wieder oberflächlich Fahranfänger ausbilden. Wir Fahrlehrer sind Multiplikatoren für die Sicherheit im Straßenverkehr. Jeder Euro, welcher in die Ausbildung von Fahrlehrern, Fahrschülern und eben auch in die Führerscheinausbildung investiert wird, wird in die Sicherheit von uns ALLEN im Straßenverkehr investiert. Nur wenn wir hier gutes Geld in gute Ausbildung investieren, können wir die Zahl der jährlich im Straßenverkehr getöteten Menschen in den Griff bekommen.

Die Führerscheinkosten

Wo wir gerade bei Investitionen sind: Wir Fahrlehrer und Fahrschulen müssen uns auch regelmäßig fragen lassen, warum die Führerscheinausbildung so teuer ist. Teuer ist relativ. Wenn ich überlege, wie viel ein Auto kostet, dann ist die Ausbildung gar nicht mehr so teuer.

Richtig, je nach Ort, Region oder Fahrschule kostet der Führerschein um die 2000 Euro, manchmal weniger, eher etwas mehr. In München ist heute eher mit 2500 Euro zu kalkulieren. Und ja, das ist viel Geld. Wenn man nun aber überlegt, dass der jährliche Urlaub mit zwei Personen für einen Zeitraum von zwei Wochen auch mit ca. 2500 Euro kalkuliert wird, wollen wir diese beiden Kosten mal vergleichen. 2500 Euro für Erholungsurlaub, 14 Tage danach hat man nur noch Bilder zum Anschauen und spart auf den Urlaub für das nächste Jahr wieder einen Betrag von 2500 Euro … und das Jahr für Jahr!

Die 2500 Euro für die Fahrausbildung in der Fahrschule ist nicht in Erholung, sondern vielmehr in die eigene Sicherheit sowie die Sicherheit aller anderen Verkehrsteilnehmer investiert. Das Geld für die Fahrausbildung ist auch dafür angelegt, dass das eigene Auto möglichst lange hält und nicht in der ersten Zeit gleich ein Unfall passiert. Diese einmalige Investition ist dauerhaft, wenn es normal läuft, für den Rest des Lebens angelegt. Vorausgesetzt, man hat eine gute Fahrschule gefunden.

Worin unterscheiden sich denn nun gute von nicht so guten Dingen? Das wissen wir alle, Qualität hat in der Regel auch seinen Preis. Und ja, Geiz ist geil. Jeder von uns geht regelmäßig einkaufen. Nahrungsmittel, Kleidung, Auto usw. Worauf achten Sie denn beim Einkauf? Preis-Leistungs-Verhältnis natürlich. Wenn Sie eine gute Winterjacke benötigen und bereit sind, dafür Geld auszugeben, dann soll die ja auch ein paar Jahre halten. Natürlich bekommt man eine Winterjacke auch zum »Schnäppchenpreis«. Die ist dann aber nicht ganz so warm wie andere Jacken, man wird bei Regen schneller nass und sie hält auch nicht mehrere Winter. Nun kann man jedes Jahr eine günstige Jacke kaufen und wird sich jedes Jahr aufs Neue ärgern, oder gleich eine vernünftige, auch wenn sie doppelt oder dreifach so teuer ist. Dafür hat man dann aber auch wesentlich länger Freude an der Ware.

Dann gibt es wiederum Dinge, die uns einfach sehr wichtig sind und wo wir sagen »für billig habe ich kein Geld«, und stattdessen lieber gleich etwas Vernünftiges kaufen. Warum ist uns die Sicherheit im Straßenverkehr nicht genauso wichtig? Warum versuchen nur so viele an der eigenen Sicherheit zu sparen?

Wenn man gerne Fußball spielt, sucht man sich einen renommierten Verein mit guten Trainern, damit man was lernt. Wenn es ein Musikinstrument ist, wird gutes Geld für den Gitarren- oder Klavierlehrer ausgegeben. Wenn man sich schon für ein Hobby entschieden hat, dann will man das schließlich gescheit lernen und das kostet halt Geld.

Komisch, wenn es um das Leben oder die Gesundheit geht, sowohl die eigene als auch die anderer, dann wird oft bei der Führerscheinausbildung nach der billigsten Fahrschule gesucht. Dabei sollte doch jedem einleuchten, dass ein guter Fahrlehrer auch gutes Geld verdienen will und gute Ausbildungsmittel ebenfalls nicht billig sind.

Anfang dieses Jahres kam ein Fahrschüler zu mir, der vor zwei Jahren den Pkw-Führerschein bei uns gemacht hat. Er erkundigte sich nach den Kosten für einen Motorrad-Führerschein. Ich teilte ihm mit, dass diese ebenfalls bei 2000 Euro liegen. Zwei Wochen später traf ich ihn wieder und er sagte mir, ich solle nicht enttäuscht sein, er habe eine Fahrschule gefunden, die biete den Motorrad-Führerschein für pauschal 1500 Euro an. Unabhängig von der Tatsache, dass Pauschalangebote verboten sind, erwiderte ich, dass ich bei dem Preis skeptisch bin, ob die Ausbildung dafür auch ausreichend sein kann. Aber es ist seine Entscheidung und die muss er alleine treffen.

Nach ein paar weiteren Wochen kam er dann wieder und zeigte mir stolz seinen Motorrad-Führerschein, tatsächlich für 1500 Euro erworben. Allerdings gab er zu, dass die Ausbildung etwas oberflächlich war, gerademal zum Bestehen der Prüfung gereicht hat und er sich jetzt nicht in allen Situationen sicher fühle. Er fragte mich dann, ob er noch ein paar Fahrstunden bei mir nehmen könnte, damit ich ihm Tipps geben und er sicherer werden würde. Ich willigte ein und wir verabredeten einen Termin. Leider ist es zu diesem Termin nicht gekommen, weil er mit dem Motorrad seiner Schwester, mit dem er schon mal fahren wollte, einen Unfall hatte. Das Motorrad war Schrott und ein neues, diesmal für sich, schon bestellt. Nach Auslieferung seines neuen Motorrads haben wir uns erneut für eine Praxisstunde verabredet. Zu diesem Termin ist es aber auch nicht gekommen, weil er auch mit diesem Motorrad schon vorher einen Unfall hatte. Ebenfalls Schrott! Zum Glück waren seine Verletzungen nicht so schwer und nach wenigen Wochen abgeheilt. Zum Glück waren keine weiteren Verkehrsteilnehmer bei den beiden Unfällen beteiligt. Zum Glück blieben nur finanzielle Schäden, welche allerdings die vermeintlich 500 gesparten Euro weit übersteigen.

Aber die Fahrausbildung darf nicht vom Glück abhängen. Ich möchte auch nicht die Fahrschule alleine dafür verantwortlich machen. Fakt ist aber, Pauschalangebote sind verboten und vermeintliche »Sonderangebote« können schnell zum Bumerang – insbesondere finanziell – werden, wenn man am falschen Ende sparen will.

Die Fahrschulen

Der ADAC hat 2011 verschiedene Fahrschule in ganz Deutschland verglichen. Die Preise für einen Auto-Führerschein variieren zwischen 1207 Euro in Wittenberg (Sachsen-Anhalt) und 2434 Euro in Freising (Bayern). Das sind schon 1227 Euro Unterschied – regional bedingt. Nun war der ADAC aktuell etwas im Gerede, was seine Glaubwürdigkeit angeht und ich bin nicht sicher, ob diese Angaben überprüft wurden. Fakt ist aber, dass man wohl für gut 1200 Euro eine Führerscheinprüfung bestehen kann. Fraglich ist nur, ob diese Ausbildung qualitativ mit der Ausbildung für 2400 Euro zu vergleichen ist. Wir unterscheiden ganz deutlich zwischen einer Ausbildung, welche darauf ausgerichtet ist, einen verantwortungsvollen Kraftfahrer auszubilden oder einer Ausbildung, welche nur zum Bestehen einer Prüfung dient. So auszubilden, dass eine praktische Prüfung bestanden wird, ist relativ einfach. Leider sind diese Kraftfahrer dann alleine oft überfordert und stellen eher eine Gefahr für sich und andere im Straßenverkehr dar. Bei der Auswahl der richtigen Fahrschule sollte man daher insbesondere darauf achten, dass die Fahrlehrer nicht nur für die Prüfung, sondern vielmehr gute Kraftfahrer ausbilden wollen.

Die regionalen Preisunterschiede lassen sich im Wesentlichen damit begründen, dass zum Beispiel die Mieten in manchen Orten sehr gering und in anderen Orten mit guter Lage um ein Vielfaches teurer sind. Auch sind die Lebenshaltungskosten sowie Löhne regional unterschiedlich. Ein Fahrlehrer in München könnte von dem Stundenlohn, der in Berlin üblich ist, vermutlich nicht einmal seine Miete zahlen. Und mit welcher Motivation geht nun dieser Lehrer, der von seinem Lohn kaum die Miete zahlen kann, an seine Arbeit?

Da gesetzlich geregelt ist, dass der Führerschein nur am gemeldeten Wohnort gemacht werden darf, können vor diesem Hintergrund nicht alle nach Wittenberg fahren und die Ausbildung oder Prüfung dort machen. Regional, je nach Wohnort liegen dann die Unterschiede etwa zwischen 270 Euro und 430 Euro. Natürlich kann man durch intensiven Preisvergleich bis zu 430 Euro sparen, muss halt nur aufpassen, dass man nicht auch an der Qualität spart. Bedenke, dass der einfache Parkrempler schnell an die 700 Euro allein für die Lackierung einer Stoßstange kosten kann. Für das Geld könnte man fast 20 Übungsfahrten alleine für das Parken durchführen. Von größeren Schäden, insbesondere mit gesundheitlichen Folgen, will ich gar nicht erst reden.

Nun sind natürlich nicht alle Fahrschulen, welche die Ausbildung günstig anbieten, qualitativ schlecht. Ein Fahrschulinhaber, welcher gut kalkulieren kann, muss ja nicht als Fahrlehrer schlecht sein. Aber es gibt bei dem vorhandenen »Konkurrenzdruck« schon auch schwarze Schafe. Zum Beispiel wenn eine Fahrschule günstige Fahrstunden anbietet, schnell zur Prüfung zulässt und dadurch eine zweite Prüfung notwendig wird. Und wenn nun diese Fahrschule erheblich höhere Preise für die Prüfungen verlangt, kommt der Verdacht auf, dass die günstigen Fahrstunden durch hohe Prüfgebühren refinanziert werden.

Oder, noch schlimmer – per Mail werden Sonderangebote mit bis zu 50 % Rabatt angeboten. Für die Grundgebühr, die Sonderfahrten und Prüfungen muss normal mit ungefähr 1000 Euro gerechnet werden. Nun gibt es Onlineanbieter, welche diese Leistungen für nur 500 Euro anbieten. Das hört sich erst mal ganz verlockend an. Wenn man nun aber weiß, dass die durchführende Fahrschule um die Hälfte des Geldes an den Onlineanbieter für die Vermittlung von diesen Fahrschülern zahlen muss, dann bleibt der Fahrschule für die Leistungen in Höhe von 1000 Euro nur noch

250 Euro. Darin sind 19 % Mehrwertsteuer enthalten, welche das Finanzamt bekommt. Bleibt der Fahrschule 210 Euro. Wenn man davon nur die zwölf Sonderfahrten und die Prüfungsfahrt bezahlen will, kostet eine Fahrt 16,15 Euro. Davon muss nun der Fahrlehrer, das Auto, Kraftstoff, Verwaltungskosten, Unterricht usw. bezahlt werden. Wenn man nun nicht gerade mit dem Klammerbeutel gepudert oder mit Brotkrümeln aus dem Wald gelockt wurde und nur ein wenig rechnen gelernt hat, wird sehr schnell klar, dass hier irgendwas nicht aufgehen kann. Komisch, dass man hier nicht misstrauisch wird. Wenn Sie zu einem Friseur gehen, bei dem ein Herrenschnitt günstig für ca. 10 Euro zu erhalten ist und der Damenbesuch vielleicht 30 Euro kostet, werden Sie da nicht auch misstrauisch, wenn es plötzlich die gleiche Leistung zum halben Preis geben soll? Dann fragen Sie sich doch auch, wo bleibt die Qualität? Wie soll das gehen?

Oder stellen Sie sich vor, dass Ihr Arbeitgeber Ihnen morgen mitteilt, dass Sie für die gleiche Leistung nur noch die Hälft des Lohns erhalten. Arbeiten Sie dann genauso motiviert weiter?!

Und ja, in unserer heutigen Mentalität, wo Geiz sogar »geil« ist, wird mehr denn je auf den einzelnen Euro geschaut. Und es gibt – das muss ich zugeben – viele Produkte, die auch günstig sehr gut sein können. Aber immer, wenn irgendwo, insbesondere im Dienstleistungsbereich, Menschen beschäftig werden und diese auch angemessen entlohnt werden sollen, hat gute Leistung auch einen guten Preis!

Die unheimlich schwierigen Verkehrsregeln

Wie bereits erwähnt, vermute ich einen wesentlichen Zusammenhang zwischen der Einhaltung unserer Verkehrsregeln sowie Gesetze und einem wirklich guten Verkehrsteilnehmer.

Wir alle kennen Regeln schon aus unserer Kindheit. Haben doch die Eltern (natürlich immer nur zum Schutz des Kindes) seit unseren frühesten Tagen diverse Regeln aufgestellt. Wenn wir uns dann nicht an diese gehalten haben, gab es meist Sanktionen. Auch wenn wir es oft nicht eingesehen und die Eltern natürlich auch nicht gerne bestraft haben, war es doch notwendig. Wir alle mussten als Kinder lernen, dass das Einhalten von Regeln wichtig fürs ganze Leben ist. Wichtig für das Zusammenleben in der Familie, in der Schule, später im Beruf und in der Gesellschaft. Ohne das Einhalten von Regeln geht es nicht. Ganz einfach. Eigentlich?!

Was hat das jetzt mit den Verkehrsregeln zu tun? Hier gibt es ganz viele Parallelen. Hat doch der Gesetzgeber aufgrund von Unfallstatistiken Regeln auch nur zum Schutz aller Verkehrsteilnehmer aufgestellt. Die Einhaltung wird durch die Behörden wie zum Beispiel die Polizei kontrolliert. Und wenn nun der Erwachsene zu schnell fährt und erwischt wird, muss er ein Verwarnungs- oder Bußgeld zahlen oder er erhält sogar Punkte in Flensburg. Und genauso wie Kinder sehen viele Erwachsene diese Maßnahmen nicht ein. Ähnlich uneinsichtig wie Fünfjährige sprechen dann diese angeblich »Erwachsenen« von Wegelagerei, Abzocke und Ähnlichem. Dabei wird doch nur die Einhaltung von Regeln kontrolliert! Warum tun wir Erwachsene uns nur so schwer mit dem Einhalten von Vorschriften? Das erwarten wir doch auch von unseren Kindern, oder nicht?

Nun kann man davon ausgehen, dass es doch noch einen Unterschied zwischen den Regeln zu Hause für die Kinder und den Regeln im Straßenverkehr gibt. Und ja, bei den Kindern geht es um die individuelle persönliche Entwicklung und im Straßenverkehr geht es um Menschenleben! Täglich sterben über zehn Menschen, weil im Straßenverkehr Fehler gemacht werden. Und es sind definitiv nicht die aufmerksamen, guten Verkehrsteilnehmer Schuld daran. Im Gegenteil, diese Guten nehmen durch Rücksichtnahme gegenüber der Raser zum Teil sogar persönliche Nachteile in Kauf, um Missverständnisse, Aggressionen oder Unfälle zu vermeiden.

Grundsätzlich hat man festgestellt, dass die Mehrheit der Kraftfahrer die Regeln natürlich nicht mit Vorsatz missachten. Oft werden Verkehrszeichen einfach übersehen oder nicht wahrgenommen. Dann werden bestehende Regeln oft auch noch verändert, sodass man gar nicht mehr alle kennen kann. Außerdem ist im Straßenverkehr insgesamt viel zu viel los. Vor diesen Hintergründen ist es fast nicht mehr möglich alle Verkehrsregeln zu kennen, geschweige denn zu beachten. Dazu müsste man sich ja viel mehr auf den Verkehr konzentrieren. Und eigentlich sind andere Dinge auch viel wichtiger. Das Telefonat, die SMS, Zeit aufholen, weil man zu spät losgefahren ist usw. Die aufmerksame Teilnahme am Straßenverkehr und die Einhaltung der Regeln spielt bei vielen Verkehrsteilnehmern leider nur noch die zweite Geige. Autofahren wird immer mehr zur »Nebensache«.

Und Fehler machen ist ja auch menschlich und kann passieren. Zum Glück wird man ja auch nicht bei jedem Fehler erwischt und dadurch nicht jedes Mal zur Kasse gebeten. Nur wer regelmäßig Regeln missachtet, wird auch erwischt und zur Kasse gebeten. Grundsatz der Wahrscheinlichkeitsrechnung.

Manchmal wird die Notwendigkeit der Regeln aber auch einfach nicht eingesehen, was ich noch verstehen kann. Was ich nicht verstehen kann ist, dass diese Regeln dann einfach missachtet oder ignoriert werden. Es haben sich doch Fachleute, welche sich mehr oder weniger gut mit der Thematik auskennen sollten, schon mit den verschiedensten Situationen auseinandergesetzt. Sie haben auf Basis vieler Informationen und ihrer Erfahrungen die Regel gemacht und damit auch ein bestimmtes Verhalten vorgeschrieben. Warum das jetzt infrage stellen? Natürlich ist es legitim, sich mit der Frage: »Warum gerade diese Regel?« zu beschäftigen. Aber es ändert nichts an der Regel.

Wenn der Gesetzgeber in einer Ortschaft ein bestimmtes Gebiet zur Zone 30 erklärt und ausschildert, dann ist das erst mal so. Punkt. Jetzt kann das Gebiet noch so gut ausgebaut sein, können wir uns über das »wieso und warum« Gedanken machen so viel wir wollen, es ändert aber nichts an der Tatsache, dass in diesem Gebiet maximal, unter den günstigsten Umständen 30 km / h gefahren werden darf und nicht mehr, auch nicht 31 km / h.

Auch hier bestehen wieder Parallelen zu den Kind-Eltern-Regeln. Kinder sehen die Regeln oft auch nicht von alleine ein und »schmollen«. Wenn Sie aber nachfragen oder die Eltern im Voraus die Regeln plausibel erklären, ist plötzlich vieles klarer. So können auch wir selbstverständlich bei den Verkehrsbehörden nachfragen, warum bestimmte Vorschriften entschieden wurden. Dann könnten wir als Antwort erhalten, dass ausgerechnet in dem gut ausgebauten Wohngebiet, in dem auch Schulen oder Kindergärten sind, schon diverse Unfälle passiert sind, bei denen Menschen, hauptsächlich Kinder, zu Schaden kamen. Aha, dann ist die Einführung der 30er-Zone doch gleich plausibel und es fällt uns leichter, uns daran zu halten.

Mein Tipp: Auch mir als Fahrlehrer fällt es manchmal schwer, nachzuvollziehen, welche Gedanken an bestimmten Stellen hinter bestimmten Regeln stecken. Wenn ich die Zeit habe, gehe ich schon rein aus beruflichen Gründen den Dingen gerne auf den Grund und frage durchaus auch bei den Behörden nach. Aber egal, ob die Begründungen der Behörde für mich nachvollziehbar sind oder nicht, ich missachte keine Regeln oder Gesetze mit Vorsatz, nur weil sie mir persönlich nicht gefallen.

Und nicht selten sind viele Regeln einfach nicht bekannt! Geht schon mit den über 200 Verkehrszeichen los. Die kann ja auch keiner wirklich alle kennen. In der Fahrschule haben wir ja auch nur die wichtigsten gelernt und davon die Hälfte wieder vergessen. Reicht das für eine Ausrede? Nein! Wer ist denn dafür verantwortlich, dass man sich mit den Verkehrszeichen oder insbesondere auch über die ständigen Neuerungen auf dem Laufenden hält? Natürlich jeder selbst!

Dann haben wir da noch den »grünen Pfeil auf dem Blechschild«. Ok, der wurde ja in den Fahrschulen in den alten Bundesländern auch nicht ausgebildet. Zumindest nicht bis zum Mauerfall. Der Mauerfall ist zwar schon über 20 Jahre her, aber das richtige Verhalten ist nur bei jedem dritten Kraftfahrer zu beobachten. Wenn die Ampel mit dem »grünen Pfeil auf Blechschild« ROT zeigt (das Schild befindet sich im Übrigen auf der Höhe bzw. neben der ROTEN Anzeige), erlaubt eben dieses Zusatzschild das Abbiegen nach rechts auch bei Rot. Aber: Natürlich muss bei Rot jeder auch erst einmal an der Haltlinie anhalten! Haben doch die Fußgänger, Radfahrer und der Querverkehr in dieser Phase GRÜN! Nur wenn der

Fuß-, Radweg und Querverkehr geprüft und frei ist, darf bei Rot nach rechts abgebogen werden.

Dann wird an keiner Kreuzung so oft falsch oder nicht geblinkt wie an der »abknickenden Vorfahrtstraße«! Ein Teilnehmer bei einem Punkteabbauseminar hat mich einmal gefragt: »Wie kann man denn falsch blinken?« (Dieser Teilnehmer hat schon 20 Jahre Fahrpraxis, ohne Unfall, nur halt zu viele Punkte in Flensburg.) Geblinkt werden muss ja immerhin in genau drei Situationen: Erstens beim Anfahren vom Fahrbahnrand, zweitens beim Abbiegen und drittens beim Fahrstreifenwechsel. Sich diese drei Situationen zu merken und dann auch noch im richtigen Moment daran zu denken ist scheinbar nicht so einfach, schließlich überfordert es schon über 50 % der Kraftfahrer, also jeden zweiten!

Wenn man an eine Kreuzung kommt und nach rechts abbiegen will, muss nach rechts geblinkt werden. Wenn man nach links abbiegen will, muss nach links geblinkt werden. Wenn man nicht abbiegen will, darf auch nicht geblinkt werden. Eigentlich ganz einfach, oder?

Nein, so einfach ist das nicht. Wenn es sich nämlich um eine abknickende Vorfahrtstraße handelt und der Kraftfahrer auf der Vorfahrtstraße bleibt, handelt es sich rechtlich nicht um ein Abbiegen. Trotzdem muss die Fahrtrichtungsänderung durch Blinken angezeigt werden. Das Verlassen der abknickenden Vorfahrtstraße wiederum wird als Abbiegen angesehen, wenn es aber geradeaus weitergehen soll, darf nicht geblinkt werden. Hier werden verschiedene Paragraphen kombiniert betrachtet und ausgelegt. Sachverhalte, welche schon für Verkehrsexperten und Fachleute nicht einfach sind und immer wieder zu Diskussionen Anlass geben. Wie kann man jetzt dem »normalen« Verkehrsteilnehmer ankreiden, wenn er sich nicht mehr auskennt?

Na ja, nun wissen wir zumindest, warum gerade an diesen Kreuzungen so viele Missverständnisse entstehen und auch häufiger Unfälle passieren als an anderen Kreuzungen.

Zusammenfassend kann man sich hier merken:
Durch das Blinken haben wir die Möglichkeit zu kommunizieren. Wir können anderen deutlich mitteilen, was wir vorhaben beziehungsweise in welche Richtung wir fahren wollen. Und zwar rechtzeitig und deutlich vor dem

Abbiegen oder Fahrstreifenwechsel und nicht erst während des Abbiegens oder Fahrstreifenwechsels.

Das nächste ist der Kreisverkehr beziehungsweise das richtige Verhalten an dieser Stelle. Beim Einfahren in den Kreis darf nicht geblinkt werden und das Verlassen ist – gleichwertig wie Abbiegen – durch blinken anzuzeigen.

Aber das Blinken ist überhaupt ein merkwürdiges Phänomen. Ist es doch augenscheinlich das Erste, was sich ein Fahranfänger nach bestandener Prüfung abgewöhnt. Dabei ist das Blinken eines der wenigen Mittel, um uns mit anderen Verkehrsteilnehmern zu verständigen. Wir können damit genau zeigen, was wir vorhaben oder nicht. Und wenn wir als Kraftfahrer mal jemanden übersehen haben, dann kann dieser unser Vorhaben am Blinker erkennen und mit aufpassen.

Wenn man aber das Blinkverhalten im Straßenverkehr beobachtet, muss man feststellen, dass viele das Blinken nicht als Kommunikationsmöglichkeit verstanden oder deren Sinn erkannt haben. Im Gegenteil, bei vielen hat man das Gefühl, es wird als notwendiges Übel betrachtet.

Erst kürzlich hat der ADAC in seiner Zeitschrift wieder über »Blinkmuffel« geschrieben. Ein Leser hat daraufhin kommentiert: »Wenn doch gerade keiner da ist, für wen soll ich dann blinken?« Hochachtung! Wenn ich bei jeder Gelegenheit, in der das Blinken vorgeschrieben ist, erst einmal nachsehen muss ob einer da ist, der das sehen könnte oder nicht, dann noch die Überlegung anstelle, ob es Sinn haben könnte oder nicht, um dann die Entscheidung zu treffen, ob ich blinke oder nicht – das halte ich persönlich doch für sehr aufwendig. Hinzu kommt das Risiko, dass ich etwas oder jemanden übersehen habe. Einfach, weil dieser gesamte Ablauf oder Aufwand ja auch Zeit kostet, die man in der Situation meist nicht hat. Nein wirklich, dieser Aufwand und das Risiko sind mir einfach zu hoch. Dazu kommt, dass wir im Unterbewusstsein das Blinken ja auch mit dem Absichern und einem Kontrollblick, zum Beispiel für den »toten Winkel«, verknüpfen. Wenn ich also entscheiden würde nicht zu blinken, würde ich eben auch diesen Kontrollblick nicht durchführen, obwohl doch auch diese doppelte Umschaupflicht in vielen Situationen notwendig und gesetzlich vorgeschrieben ist.

Ich habe mir angewöhnt immer zu blinken, und zwar rechtzeitig und deutlich, egal ob es jemand sieht oder nicht, ohne weitere Abwägungen oder

Entscheidungen, ohne das Risiko jemanden übersehen zu haben, einfach in jeder Situation, in der es von der Straßenverkehrsordnung vorgeschrieben ist, völlig automatisiert, inklusive Absichern, doppelter Umschaupflicht und Kontrollblick (toter Winkel). Fertig, ganz einfach! Übrigens, blinken tut weder weh noch verursacht es zusätzlich Kosten. Also, warum wehren sich so viele Verkehrsteilnehmer so vehement gegen das Blinken? Absolut unverständlich!

Von Kindern wird erwartet, dass die zum Schutz aufgestellten Regeln bedingungslos und in der Regel ohne Diskussion befolgt werden. Dann hört man Eltern sagen:»Das sind gute Kinder, die halten sich an die Regeln.« Die gleichen Eltern sitzen dann hinter dem Steuer und missachten eine Regel nach der anderen. Sind sie dadurch»schlechte« Eltern? Natürlich nicht, aber sie sind auf jeden Fall keine guten Verkehrsteilnehmer. Auch wenn die Eltern oft unfallfrei damit durchkommen, ist das eher Glück. Auf jeden Fall dienen diese Eltern dann als Vorbild für die Kinder, welche sich viele Dinge schon vor Erlangen des Führerscheins bei ihnen abschauen und später kopieren.

Ich hörte mal einen Vater ganz stolz sagen: »Mein Sohn fährt schon genauso rasant wie ich.« Ich habe nur gedacht, dass der Sohn mit dem Stil seines Vaters und der fehlenden Erfahrung eines Fahranfängers hoffentlich nicht am nächsten Baumstamm landet oder Unschuldige verletzt.

Aber nicht nur die Eltern sind wichtige Vorbilder für Fahranfänger, vielmehr alle Verkehrsteilnehmer. Und wenn diese»erfahrenen« Kraftfahrer sich nun falsch verhalten, dann nehmen natürlich auch die Fahranfänger sich dieser Fehler an. Brauchen wir uns eigentlich nicht zu wundern, dass viele Fahranfänger sich nicht an die Regeln halten. Im Gegenteil, im Grunde sind genau die Kraftfahrer, welche sich als Vorbilder nicht an die Regeln halten, schuld daran.

Noch zwei Beispiele, stellvertretend für unzählige Situationen, welche ich aufzählen könnte:
Ein Radfahrer fährt auf dem Radweg und kommt an eine Kreuzung mit Ampel. Die Ampel zeigt Grün an, der Radfahrer will geradeaus weiterfahren und beobachtet die Autofahrer auf der Straße. Da von diesen niemand blinkt, geht er davon aus, dass auch keiner nach rechts abbiegen wird. Leider

biegt doch ein Autofahrer nach rechts ab und es kommt zu einem Unfall, bei dem der Radfahrer nicht unerheblich verletzt wird.

Dies wäre nicht geschehen, wenn der Autofahrer rechtzeitig geblinkt hätte. Hat er aber nicht, weil er den Radfahrer nicht gesehen hat und blinken demnach für überflüssig hielt.

Zweites Beispiel: Ein Motorradfahrer fährt auf dem linken von zwei Fahrstreifen. Der Verkehr fließt zähflüssig, aber auf dem linken Fahrstreifen etwas schneller. Der Motorradfahrer beobachtet aufmerksam die Fahrzeuge auf dem rechten Fahrstreifen, insbesondere deren Blinker. Da keiner blinkt, wechselt ja auch keiner in die linke, seine Spur. Doch plötzlich zieht ein Auto einfach in die linke Spur, ist schon halb in der neuen Spur, als noch einmal kurz der Blinker aufleuchtet, aber leider zu spät, der Motorradfahrer kann nicht mehr reagieren und wird angefahren.

Auch dies hätte nicht passieren müssen, wenn der Autofahrer rechtzeitig durch das gesetzlich vorgeschriebene Blinken sein Vorhaben deutlich gemacht hätte. Hat er aber nicht, weil er den Motorradfahrer nicht gesehen hat und es für überflüssig hielt.

So liebe Leser, reden Sie jetzt mal mit Fahrradfahrern oder Motorradfahrern. Fragen Sie sie, ob diese geschilderten Situationen realistisch sind. Sie werden hören und feststellen, dass dieses Verhalten von Kraftfahrern nicht einmal selten ist. Obwohl man sagen muss, dass kein Autofahrer andere mit Absicht übersieht. Und das Schlimme daran ist, dass diese Autofahrer es oft nicht einmal mitbekommen, dass sie gerade fast einen folgenschweren Unfall verursacht hätten. Im Gegenteil, genau die Autofahrer, welche sich das Blinken abgewöhnt haben, fühlen und halten sich noch für selbstsichere und gute Kraftfahrer. Sie ahnen oft nicht einmal, dass sie dadurch anderen die Möglichkeit, mit auf sich aufzupassen, nehmen.

Zum Glück rechnen die meisten Rad- und Motorradfahrer schon gar nicht mehr mit dem richtigen Verhalten und dem Blinken der Autofahrer. Dadurch können sie viele Unfälle meist gerade noch verhindern. Aber leider nicht alle. Und auch vor diesem Hintergrund sterben Menschen oder werden unnötig verletzt, nur weil manche Autofahrer meinen, dass es nicht immer notwendig ist, zu blinken.

Ähnliche Situation beim Abbiegen an Kreuzungen. Komischerweise holen die Rechtsabbieger oft nach links aus, die Linksabbieger nach rechts. Wenn man in der Spur daneben geradeaus fährt, hat schon fast jeder (zumindest aufmerksamer Fahrer) festgestellt, wie nahe die Nachbarn einem da manchmal kommen. Meistens ist nun der aufmerksame Nachbar derjenige, welcher eine Kollision verhindern kann. Die Abbieger bekommen davon leider nichts mit, da ihr Blick ja in die andere Richtung geht, in welche abgebogen wird. Diese Abbieger sind, weil sie diese »Fastunfälle« nicht einmal bemerken, natürlich fest davon überzeugt, gute Autofahrer zu sein, obwohl an jeder zweiten Kreuzung andere auf sie aufpassen müssen.

Sich an Regeln zu halten bedeutet auch, Verantwortung zu übernehmen. Dies versuchen wir eben auch unseren Fahrschülern zu vermitteln. Verantwortung zu übernehmen fällt in der Regeln den »Erwachsenen« leichter als den Jugendlichen. Verantwortung wächst mit dem Alter und der Erfahrung. Insbesondere, wenn man eine Familie gründet und Nachwuchs bekommt. Man ist nicht mehr nur noch für sich selbst, sondern auch für die Familie verantwortlich. Erwachsen werden wollen alle, Verantwortung übernehmen ist dann nicht mehr so leicht. Sehe ich doch täglich junge Menschen mit kleinen Kindern im Auto. Insbesondere hier kann ich nicht verstehen, wie man sich mit kleinen Kindern im Auto nicht an die Verkehrsregeln halten kann. Kinder sind diesen »Erwachsenen« im Auto ausgeliefert. Die Gesundheit und das Leben dieser Kinder hängt auch vom Verhalten ihrer Eltern als Kraftfahrer im Straßenverkehr ab.

Tagtäglich beobachte ich diese Beispiele, von denen ich noch seitenweise berichten könnte. Viel interessanter wird es jetzt aber, wenn Sie, lieber Leser, mal versuchen, aufmerksam auf die Fehler anderer zu achten. Sie werden sich wundern, wie interessant das ist. Sie werden feststellen, dass ich an keiner Stelle übertrieben habe. Oder probieren Sie einfach mal, wie oben schon erwähnt, sich so oft wie möglich an die Regeln zu halten. Ich denke, das ist ähnlich schwierig wie für einen Raucher, sich das Rauchen abzugewöhnen. Aber es geht!

Fazit und ganz offene Worte

Nachdem ich im Jahre 2011 las, dass die Unfallzahlen wieder ansteigen, habe ich begonnen, mich mit diesem Thema, insbesondere der Unfallstatistik, intensiver zu beschäftigen. Ich fing an, mir Notizen zu machen. Ich versuchte Zusammenhänge zu analysieren und zu erkennen, wodurch Unfälle entstehen. Ich versuchte meine Erkenntnisse in die tägliche Arbeit, in die Ausbildung von Fahrschülern und künftigen Kraftfahrern, zu integrieren. Ich hatte das Ziel, unsere Fahrschüler noch besser auf den Straßenverkehr vorzubereiten, insbesondere ihnen die eigenen Erfahrungen mit einem Unfall zu ersparen.

Und je mehr ich in die Thematik einstieg, je mehr ich über die »Schattenseite« der so hochgelobten Mobilität, der Anzahl der Verletzten und Getöteten erfahren habe, umso mehr hat mich das Gefühl der Hilflosigkeit ergriffen. Wenn ich dann meiner Frau von den Erkenntnissen und Erfahrungen im Straßenverkehr erzählt habe, gab sie mir den Hinweis: »Du kannst doch nicht alle ändern, gib dir bei deinen Fahrschülern Mühe, mehr kannst du nicht machen.«

Mir wurde sehr schnell klar, das kann nur der »Tropfen auf dem heißen Stein« sein. Mein Frust und das Gefühl der Hilflosigkeit wurden immer größer. Um diese Emotionen nicht mehr fast täglich bei meiner Frau ablassen zu müssen, fing ich an zu schreiben. Ich schrieb über die täglichen Erfahrungen mit den rücksichtslosen Verkehrssündern, über die Raser, über die Verkehrsteilnehmer, welche ich täglich beobachte und die sich nicht an die Regeln halten. So entstand der Gedanke, ein Buch zu schreiben, um meine Erkenntnisse und Beobachtungen zu veröffentlichen.

Meine ersten Absätze waren dann so geschrieben wie empfunden. Vorwurfsvoll und anklagend. Doch Druck erzeugt meist Gegendruck. Wenn man sich angeklagt fühlt, geht man in die Verteidigung, und gewinnt keine Einsicht. Vor diesem Hintergrund habe ich meinen Schreibstil verändert. Ich möchte mit diesem Buch niemanden angreifen. Im Gegenteil, ich hoffe auf mehr Verständnis für- und miteinander. Ich bin mir auch sicher und es ist mir bewusst, dass die meisten Verkehrsteilnehmer nicht mit Absicht gegen Verkehrsregeln verstoßen.

Deshalb spricht man bei einem Unfall mit verletzten oder getöteten Personen auch »nur« von fahrlässiger Körperverletzung mit Todesfolge.

Aber es gibt auch Verkehrsteilnehmer, die ihre persönlichen Bedürfnisse (zum Beispiel Zeitdruck) über die Gesetze der Straßenverkehrsordnung stellen. Sie missachten ganz bewusst die Verkehrsregeln und nehmen damit unter Vorsatz in Kauf, sich und andere zu gefährden. Diese Mitmenschen sind meiner Ansicht nach eine Schande für unsere Gesellschaft. Und genau diese Verkehrsteilnehmer sind dann schuld an den täglich zehn getöteten Menschen auf Deutschlands Straßen. Und vor diesem Hintergrund sind genau diese Menschen, welche bewusst die Regeln im Straßenverkehr missachten, für mich persönlich potenzielle Mörder!

Nun werden die meisten Leser denken, das wäre ein wenig übertrieben. Unterhalten Sie sich bitte mal mit Angehörigen von im Straßenverkehr getöteten Menschen. Die meisten von ihnen könnten noch leben, wenn wir uns alle an die Regeln im Straßenverkehr halten würden.

Viele können es nicht verstehen, wenn in unserer vermeintlich zivilisierten Welt nicht weit von Deutschland entfernt Kriege geführt werden, in denen Menschen ihr Leben verlieren. Warum nur nehmen viele von uns den »Krieg« im Straßenverkehr so kommentarlos hin? Warum nur sind viele von uns so wenig bereit, sich um einen friedlicheren Straßenverkehr zu bemühen? Es ist viel leichter als man glaubt und jeder kann etwas tun.

Schneller zu fahren als erlaubt kann jeder Depp. Aber bewusst am Straßenverkehr teilnehmen, sich bewusst an die Regeln halten, das Spiel miteinander spielen und nicht als »jeder gegen jeden«, dazu gehört mehr. Das können nur Menschen mit Grips und Charakter.

Wenn bei einer Umfrage herauskommt, dass sich 90 % der befragten Autofahrer für gut und oder sogar besser hält, dann bewundere ich dieses Selbstbewusstsein und bedaure diese Selbstüberschätzung. Meine Beobachtungen spiegeln ein ganz anderes Bild wider. Nach meinem Dafürhalten sind, wenn überhaupt, nur 50 % der Verkehrsteilnehmer gute Verkehrsteilnehmer.

Ganz bewusst richte ich meine Worte an die Pendler auf der A8, welche morgens aus Richtung Rosenheim, Miesbach usw. über das Südkreuz nach München fahren und abends zurück. Wir haben in Deutschland ein Rechtsfahrgebot. Nur zum Überholen dürfen die linken Fahrstreifen genutzt werden. Wo sind denn die 90 % angeblich guten Autofahrer, wenn doch die meisten auf den linken Fahrstreifen fahren, obwohl die rechten Fahrstreifen frei sind? Warum wechseln nur die wenigsten nach dem Überholen wieder nach rechts? Und wenn gewechselt wird, warum wird nicht wie vom Gesetzt gefordert rechtzeitig und deutlich geblinkt? Hier verhalten sich nicht einmal 50 % vorschriftsmäßig, geschweige denn wie ein guter Verkerkehrsteilnehmer.

Ich glaube, den meisten Verkehrsteilnehmern geht es so wie mir selbst. Ich bin mir sicher, dass auch Sie, lieber Leser, sich recht häufig über andere und deren Verhalten im Straßenverkehr ärgern. Und das muss nicht sein. Jeder Einzelne kann helfen, den Stress, die aggressive »Formel-1-Mentalität« im Straßenverkehr ein wenig abzubauen. Aber es reicht nicht zu wollen, man muss und kann auch etwas tun.

Hierzu noch einmal die wichtigsten Tipps:

1. Nehmen Sie einfach mal etwas bewusster am Straßenverkehr teil. Egal ob als Fußgänger, Radfahrer, Führer von Kraftfahrzeugen usw. Wenn die Teilnahme am Straßenverkehr nur Nebensache oder Mittel zum Zweck ist, werden wir nichts ändern.

2. Suchen und beobachten Sie mal die Fehler von anderen Verkehrsteilnehmern. Ganz wertfrei und ohne gleich zu kritisieren. Einfach nur um festzustellen, wie viele sich nicht ganz an die Regeln halten.

3. Fahren Sie niemals unter Zeitdruck und lassen sich von der Hektik und dem Stress der anderen nicht anstecken.

4. Hinterfragen Sie einfach mal Ihre eigene Teilnahme am Straßenverkehr. Unterlaufen auch Ihnen Fehler? Wir sind Menschen, das kann passieren.

Versuchen Sie nicht, perfekt zu fahren. Versuchen Sie einfach nur, sich an so viele Regeln wie möglich zu halten und seien Sie den anderen ein gutes Vorbild.

Danke

Schlusswort

Mit diesem Buch versuche ich einen kleinen Beitrag zu leisten, um den Straßenverkehr für uns alle sicherer zu machen. Die Verkehrsteilnehmer, Politiker, Entscheider und Medien, welche dieses Thema, in dem es um unser Menschenleben geht, nicht mit der entsprechenden Wertschätzung aufgreifen, machen sich mitschuldig an den täglich in unserem Straßenverkehr getöteten Mitmenschen.

Es gibt schon sehr viele Vereine, Verbände, Interessengruppen, Blogs und so weiter, die von und für Angehörige von im Straßenverkehr Verletzten und Getöteten entstanden sind. Ich kann mir vorstellen, dass, wenn man diese ganzen Interessengruppen zusammenführt, eine Lobby entstehen könnte, die noch sehr viel mehr ausrichten und verändern kann. Hierzu möchte ich aufrufen und bitte alle aus diesen Gruppen, Kontakt zu mir aufzunehmen. Natürlich kann man die Zeit nicht zurückdrehen, Geschehenes nicht ungeschehen machen. Aber wir haben noch mehr Angehörige und Freunde, für die es sich lohnt, etwas für die Sicherheit im Straßenverkehr zu tun. In einer großen organisierten Gruppe können wir auch mehr ausrichten.

Bitte, nehmen Sie hierzu gerne Kontakt mit mir auf: info@keine-Punkte.de

Danksagung

Ich bedanke mich auch bei allen, welche mich inspiriert und unterstützt haben, insbesondere meiner Frau Sabine, für die Hilfe bei der Entstehung dieses Buches.

Ich bedanke mich ebenfalls bei allen Lesern, weil Sie schon zu den Verkehrsteilnehmern gehören, welche auf dem richtigen Weg sind, um unseren Straßenverkehr sicherer zu machen.

Und ich bedanke mir ganz besonders bei allen Verkehrsteilnehmern, welche sich bereits heute verantwortungsbewusst an die Regeln im Straßenverkehr halten. Gemeinsam werden wir es schaffen, dass nicht immer mehr geliebte Mitmenschen von uns im Straßenverkehr verletzt oder getötet werden. Genau Sie sind die Vorbilder, welche wir dringend benötigen.